A Jessica

POUR EN FINIR AVEC LES VIOLENCES
FAITES AUX FEMMES

pour partager un
combat que je vous
sais cher.
Avec mon amical
souvenir

Brunel

Chantal Brunel

POUR EN FINIR AVEC LES VIOLENCES FAITES AUX FEMMES

Collection
Documents

le
cherche
midi

23, rue du Cherche-Midi, 75006 Paris

Vous pouvez consulter notre catalogue général et l'annonce
de nos prochaines parutions sur notre site Internet :
cherche-midi.com

Aux femmes de ma circonscription, qui m'ont tant appris et qui ont inspiré mon combat.

Aux femmes victimes de violences que j'ai rencontrées et que j'ai pu aider, à celles que j'ai mal comprises et pour qui je n'ai pas su trouver les mots et les gestes.

À Sasha et Chloé, mes petites-filles, qui vivront, j'en suis sûre, dans un monde meilleur pour les femmes. J'espère leur avoir apporté ma modeste contribution.

Si la non-violence est la loi de l'humanité, l'avenir appartient aux femmes.

GANDHI

1

Pourquoi ? Pour qui ?

Criez éperdument lorsque c'est mal.
Edmond ROSTAND

Pourquoi écrire un livre sur les femmes ? Ou, plus exactement, pour quelles raisons écrire un ouvrage sur les violences qu'elles subissent ?

Et aussi pour qui ?

J'écris ce livre pour les femmes en général et pour quelques-unes d'entre elles en particulier.

Je l'écris pour toutes celles qui se sont confiées à moi et que j'ai pu aider. Je l'écris pour toutes les autres que je ne connais pas et qui ont enfoui en elles leur douleur, leurs souffrances et leurs humiliations. Je l'écris pour les femmes issues de tous milieux pour qui se taire a été ou est la seule solution.

Je l'écris pour ces femmes étrangères, ramenées en France, dont le domicile est un lieu de calvaire où les coups pleuvent : elles ne connaissent rien du « monde extérieur » ni personne dans leur monde qui pourrait leur venir en aide.

Je l'écris pour Fatima, devenue Nadia, qui, après quatre ans d'enfer, a eu la chance d'être convoquée par l'institutrice de son fils de 3 ans. L'enfant ne parlait pas et ne savait que se blottir contre sa mère, comme pour la protéger... Merci à cette enseignante qui, derrière le silence de Fatima, a deviné le drame. Merci à Michèle, mon amie, qui l'a recueillie chez elle avec son fils, une nuit, à 2 heures, après l'avoir emmenée à l'hôpital puis au commissariat de police pour y faire constater les meurtrissures de son corps abîmé et pour, ainsi, prouver que ce n'était pas elle qui battait son mari mais bien le contraire. Car, rendu inquiet par la fuite de sa femme, le mari s'était immédiatement rendu au commissariat pour l'accuser de violences.

Aujourd'hui, Nadia est mon amie, et je la crois apaisée. Les larmes sont toujours là quand elle parle de son enfer. Elle a divorcé, possède un logement et un travail. Je fais un peu partie de sa famille avec Michèle et François. Elle aura probablement du mal à trouver l'amour avec un homme. Mais son fils est devenu un petit garçon gai et bavard, et, avec le temps, elle trouvera peut-être le bonheur.

J'écris ce livre pour toutes celles qui, comme Nadia, ont eu le courage de témoigner et de briser cette terrible dépendance. Pour celles qui sont venues me dire l'horreur mais qui, terrorisées, sont retournées chez leur bourreau et ont laissé une chape de plomb retomber sur leur vie.

J'écris ce livre pour toutes ces jeunes femmes d'origine étrangère qui ont été mariées de force. Pour toutes celles qui sont nées sur notre sol, abandonnées dans une famille où les prestations sociales tiennent lieu de salaire, où les parents ne travaillent pas, où la télévision – seul lien avec le monde extérieur – occupe à elle seule tout l'espace. Alors, souvent, à 16 ans ou avant, ces jeunes adolescentes quittent l'école...

Pour une grande partie des familles concernées, l'enfant est souvent un outil financier. Il « rapporte » un logement ; et aussi de l'argent, par exemple, à travers l'allocation de mère isolée. Or, lorsque les enfants sont des filles, ces dernières deviennent souvent des proies faciles pour des étrangers en situation irrégulière à l'affût d'un titre de séjour. Un jour, ces filles ont à leur tour des enfants. Et, après la naissance du premier enfant, il n'est pas rare que les coups commencent à pleuvoir régulièrement sur la jeune mère. Ils ne cesseront plus. Les enfants, eux, seront systématiquement instrumentalisés par le mari violent. Si certains de ces enfants sont des filles, le cycle se reproduira...

J'écris ce livre pour Sophie, dont le conjoint séquestrait l'enfant lorsqu'elle partait travailler à Paris : il voulait être sûr qu'elle revienne. En plus, il lui confisquait son salaire et ses prestations. J'ai alerté le Secours Catholique qui a cherché à l'aider. Mais, un jour, Sophie a disparu. Ils ont déménagé. Nous n'avons jamais retrouvé sa trace.

Les raisons de ma colère

J'écris ce livre parce que je ne décolère pas. Je l'écris comme un coup de gueule.

Ne sommes-nous pas le pays des droits de l'homme ?

Pourtant, nous hébergeons sur notre sol des femmes en situation de semi-esclavage. Qu'elles aient ou non des papiers, elles vivent un enfer et nous fermons les yeux. Leurs yeux sont humides, les nôtres sont clos.

Il y a les femmes battues par des maris violents.

Il y a les femmes humiliées par des pratiques barbares prétendument culturelles.

Et il y a ces violences du XXIe siècle dont on sous-estime encore les dégâts : la pornographie sous la contrainte ; la prostitution de plus en plus dure, loin du cœur des villes ; la violence des pratiques forcées, comme le sadomasochisme ou l'échangisme, subies par de nombreuses compagnes comme de purs et simples viols. Le tout, au nom d'une « libéralisation » des mœurs sexuelles qui, sans la moindre gêne, étale au grand jour ses horreurs !

Pour certaines femmes, je n'ai pas pu agir. Sans une démarche de leur part, la police et les associations ne peuvent rien. Un jour, une présidente d'association m'a lancé : « Le plus gros problème des droits de l'homme, c'est le problème des droits des femmes ! » Depuis, cette phrase tourne dans ma tête de façon lancinante.

Je n'ai pas oublié le débat entre Ségolène Royal et Nicolas Sarkozy, organisé entre les deux tours de l'élection présidentielle de 2007. Ils étaient tous les deux si volontaires, si impliqués. Nicolas Sarkozy a souligné qu'il avait rencontré des femmes qui étaient « au bout du bout » et il a annoncé que, pour les femmes sans papiers victimes de violence, on agirait « au cas par cas ».

Puis il y a eu la victoire, l'urgente nécessité de réformer notre pays qui perdait des places à cause de la mondialisation. Il y a eu le conflit en Géorgie, la présidence européenne et cette terrible crise financière aux répercussions économiques et sociales si douloureuses. Avec la crise, les violences faites aux femmes ont eu tendance à s'accroître : lorsque le chômage est là et que l'argent manque, la détérioration du lien affectif s'accentue. Après avoir quitté le champ des priorités, ces violences sont revenues au premier plan avec l'annonce de François Fillon d'en faire une cause nationale pour l'année 2010.

Femme politique, je me dois de dire qu'il ne faut pas oublier l'engagement pris lors de la campagne présidentielle. Même si ces sujets ne font plus la une des médias !

Femme politique, je suis là pour faire changer les choses. Des textes ont été adoptés, des associations agissent, des moyens financiers existent et sont utilisés. Mais, lorsque les femmes ont le courage de parler, lorsqu'elles prennent le risque de témoigner, il manque encore une coordination entre les différents acteurs, il manque manifestement une volonté politique forte. Où sont les logements en nombre suffisant pour éloigner le conjoint violent et pour héberger les femmes en détresse ? Ou pour accueillir celles qui veulent « décohabiter » ?

Je dois aussi énoncer les sujets tabous et soulever les questions éludées. Je dois dévoiler tous ces obstacles que d'aucuns – réflexe mental ou état d'esprit ? – préfèrent contourner ou mettre sous naphtaline dans les tiroirs de l'oubli. Car le rôle d'une femme politique est de trouver des solutions aux problèmes criants, même si c'est difficile. Il s'agit d'anticiper et d'essayer d'apporter des réponses aux maux de notre temps.

Parmi ces maux, les violences faites aux femmes ne constituent ni un épiphénomène ni un détail. Pas plus qu'une réalité récente ! Depuis que les sociétés existent, les femmes subissent les pires exactions. De tout temps, elles ont vu leurs droits bafoués et leur honneur sali. À notre époque, ni en politique ni en entreprise elles ne trouvent la place qui devrait leur revenir. Dans l'entreprise, à qualifications égales, elles obtiennent plus difficilement une embauche, sont moins bien payées en moyenne, et accèdent encore plus rarement aux premiers rôles. Il est donc impossible de faire le tour des violences faites aux femmes sans évoquer ce terrible « plafond de verre[1] » qui pèse sur leur vie professionnelle. Car toute discrimination, quelle qu'elle soit, est une violence.

1. Expression employée par la réalisatrice Yasmina Benguigui à propos des discriminations.

Certes, il y a eu des avancées considérables, notamment dans les démocraties occidentales : toutes les violences faites aux femmes sont aujourd'hui mieux reconnues. Et nous disposons désormais d'un arsenal législatif et matériel plus développé qu'il y a encore une dizaine d'années, et plus à même de prendre en charge les femmes victimes. Mais je ne me leurre pas, le dispositif est toujours largement insuffisant : les instruments de lutte instaurés par la loi ne peuvent être utilisés pleinement que lorsque la victime a fait le premier pas, soit par un dépôt de plainte, soit par l'enregistrement d'une main courante. Et encore, il y a beaucoup de plaintes qui restent sans suite !

Dans la plupart des cas, les victimes se taisent ; leur silence rend toute action impossible. C'est contre ce silence que tentent de lutter les nombreuses campagnes de prévention.

À ce propos, je me souviens d'un spot d'Amnesty International, incroyablement fort et particulièrement pertinent. Réalisé par Olivier Dahan, il a été tourné à la manière d'un film muet en noir et blanc. Didier Bourdon et Clotilde Courau y forment un couple dans la France des années 1930. Ils se chamaillent sur une petite musique de piano entraînante et sur un mode gestuel comique à la Chaplin. Il tente de la frapper... mais, sans le vouloir, elle se penche et il tombe ! Il se relève et essaie de l'attraper... Commence alors une course-poursuite autour de la table : depuis la rue, à travers la fenêtre, un groupe de passants rit au spectacle de cette scène. Mais l'homme finit par rejoindre la femme : il lui décoche un premier coup de poing en pleine figure, elle tombe. Sur l'air virevoltant du piano qui continue, il redouble les coups. Il la frappe à terre, et il frappe, et il frappe, toujours au visage ! Quand il s'arrête, la jeune femme gît inerte comme une poupée et sa figure ensanglantée est méconnaissable. Dans la rue, les passants s'en vont, choqués, dégoûtés. Seule demeure, derrière les carreaux de la fenêtre, une femme : elle est horrifiée. La musique ralentit, l'homme lance un violent coup de pied au visage de sa victime. Derrière les vitres, la femme hurle : « Stop ! » Son cri semble interminable.

« Stop ! » C'est la seule parole de ce film très court : il ne dure que 2 minutes et demie. Le mot « fin » n'apparaît pas. À sa place, surgit un « carton », un fond noir sur lequel on peut lire ces mots en lettres blanches : « Ne restons pas muets face aux violences conjugales. » Cette vive recommandation s'adresse autant aux femmes victimes qu'aux témoins des violences.

Le silence des femmes victimes est le pire ennemi de tous les acteurs de la lutte contre les violences faites aux femmes. Il dérive d'un sentiment de honte très profond qui envahit les victimes et les empêche de parler. Ce silence explique pourquoi des milliers de cas de violences conjugales se produisent et se développent, peut-être non loin de chez nous, sans que même nous le sachions. C'est pour cela que nous ne devons pas nous contenter de prendre en charge les victimes ; nous devons aussi agir en amont pour favoriser l'avènement de l'aveu. Il s'agit de sortir les femmes, dès la première violence subie, d'une spirale dans laquelle elles sont très vite plongées : si elles se taisent après le premier coup de leur conjoint, elles se taisent généralement pour longtemps.

Au départ, c'est une évidence, un simple constat qui m'a poussée à réfléchir, puis à travailler et à écrire sur le sujet : si on la compare à d'autres États, notamment à ceux du nord de l'Europe et en premier lieu aux pays scandinaves, la France accumule les retards sur la question. Mais ce ne fut pas ma seule motivation.

De fait, dès les premiers instants de mon mandat de députée, en juin 2002, j'ai ressenti un choc violent, inattendu, lorsque, dans ma circonscription, j'ai constaté que nombre de femmes vivaient en état de détresse profonde. Pour moi, jusqu'à ce moment, le combat des femmes était celui de la parité en politique, de l'égalité des salaires, de l'accession aux plus hautes responsabilités. J'ai soudain compris que Fadela Amara avait raison quand elle disait que « ce sont [là] des préoccupations de femmes riches ». J'ai réalisé qu'il existe aussi une multitude de femmes dont la préoccupation essentielle est de sortir d'un calvaire quotidien et d'une souffrance intolérable.

Ces femmes m'ont raconté cette honte qu'elles ressentaient et cette peur qui les empêchaient de parler. J'avais la chance d'être totalement nouvelle dans le paysage politique. Elles me percevaient comme une femme qui avait le pouvoir de faire quelque chose mais qui, en même temps, était suffisamment « fraîche » pour ne pas être blasée. De plus, je n'appartenais pas à l'*establishment*, qu'il soit de gauche ou de droite, et j'avais la réputation de ne pas avoir ma langue dans ma poche. On ne pouvait pas m'arrêter facilement, elles ont dû le sentir...

Mais ai-je pu faire ce qu'elles attendaient de moi ? C'est aussi pour elles que j'écris : pour toutes celles que j'ai rencontrées et que je n'ai pas réussi à aider. En pensant à chacun des cas qui s'est soldé par un échec. Que s'est-il passé ? Dans ces permanences de mairie où l'on vient sans rendez-vous, j'ai manqué de temps ou je n'ai pas su trouver les mots pour les convaincre de témoigner.

Oui, ces femmes avaient peur. Peur des représailles. Peur de briser un lien fort avec un homme qui était violent. Et peur du saut dans l'inconnu que représentent le dépôt d'une plainte et ses conséquences.

Oui, elles avaient peur de ne pas trouver le courage nécessaire. Peur du labyrinthe de démarches judiciaires. Et peur, comme dans le cas d'une médiation pénale, de la confrontation avec l'homme qu'elles avaient aimé et qui était parfois le père de leurs enfants.

Elles avaient peur, malgré la féminisation du personnel de police. Peur, bien que cette féminisation ait permis une nouvelle écoute, plus attentive et compréhensive des violences conjugales, qu'il faut saluer. Mais cela n'a pas suffi à les rassurer. Pas plus que ne suffit la main tendue d'une association ou d'une amie.

J'ai compris que toutes les aides et tous les soutiens sont insuffisants tant que les victimes n'ont pas pris conscience de la nécessité du combat à mener, tant qu'elles ne sont pas prêtes à s'engager elles-mêmes dans ce combat.

Éloge des femmes et de l'esprit d'indépendance

Contrairement à certaines femmes qui, dans leurs livres, traitent du sujet pour l'avoir vécu dans leur chair, personnellement, je n'ai pas été victime de violences. Dans mon cercle familial, ni moi ni personne n'a subi de coups. Mon engagement en faveur de cette cause ne vient pas d'un traumatisme d'enfance ou d'un récit de jeunesse. Au contraire, dans mon enfance, je n'ai manqué de rien.

Je n'ai bénéficié d'aucune aisance non plus. Mon père, faute de moyens financiers, avait fait ses études de médecine à l'école de Santé militaire de Lyon. Le matin, il travaillait bénévolement sur ses recherches médicales et, l'après-midi, il recevait des patients pour faire vivre sa famille. Quand nous nous retrouvions, le soir, à table pour le dîner, le principal sujet des conversations tournait autour des études de mon frère Michel : à lui les grands rêves de grandes écoles ! Pour moi, l'ambition de la famille était l'enseignement, primaire ou secondaire. J'ai toujours considéré cette voie toute tracée comme inacceptable. J'avais d'autres aspirations et le désir de sortir des sentiers battus.

Ce n'est sans doute rien comparé aux drames des femmes que je rencontre, mais je me demande si ce que j'ai vécu à cette époque n'a pas forgé en moi un désir de revanche, d'affirmation, de dépassement. Ces facteurs ont certainement joué un rôle. Mais ce qui a porté mon engagement sur la cause des femmes en particulier fut sans doute la situation de ma mère, si banale et pourtant si révoltante à mes yeux de toute jeune fille.

Ma mère était probablement l'une des femmes les plus dépendantes que j'aie connues. Elle dépendait de mon père à tous les niveaux : financier, affectif, etc. Elle ne fut jamais heureuse. Et son éducation lui a interdit de prendre son indépendance, d'assumer une autre vie.

Jeune, je me suis juré de ne jamais connaître ce sort, qui fut celui de beaucoup de femmes de cette génération : ces femmes soumises à l'homme, à l'argent qu'il rapporte, aux conventions, au qu'en-dira-t-on. Sans oublier le pire, une sorte de syndrome de Stockholm : ma mère s'accrochait frénétiquement à mon père qui s'éloignait de plus en plus ! À l'instar de beaucoup d'enfants de couples en discorde, nous étions affectés, mon frère et moi, d'une culpabilité latente. Et d'une crainte endémique : la peur que leurs disputes ne dégénèrent. Physiquement, ce ne fut jamais le cas. Quant aux blessures mentales, nous faisions comme si elles n'existaient pas.

Ce qui devait arriver arriva. Ils se sont séparés. Sans divorcer : ils ne le souhaitaient pas. Plus tard, ils ont fini par vivre chacun chez soi, à Paris. Lui, avec sa maîtresse. Elle, avec sa solitude. Cette vie sacrifiée me donna toujours la force de travailler, de me battre et de m'engager pour l'émancipation des femmes.

Mon père, probablement sans le vouloir, a renforcé cette envie. « Un homme, ça meurt ou ça se tire ! » répétait-il régulièrement. Je n'oublierai jamais. Paradoxalement, ce fut lui, le père volage, qui m'a enseigné cet axiome capital : indépendance totale ! Une femme doit se protéger. Elle ne doit jamais dépendre entièrement d'un homme, ni moralement ni matériellement.

Pourtant, c'est l'évidence même : l'esprit d'indépendance est salvateur. J'ai pu le vérifier tout au long de ma carrière professionnelle. Car, dans des milieux professionnels souvent masculins, les affronts et les échecs sont parfois durs à encaisser. Et ils exigent un sang-froid particulièrement développé.

Au départ, il y eut mon élection au conseil de l'université de Nanterre. Ce fut la confrontation avec « les événements » de mai 1968. Je n'ai pas été du côté de la majorité des étudiants qui voulaient « jouer à la révolution ». J'avais déjà compris que l'art de la conviction est plutôt une bataille de chaque instant, surtout lorsque vous êtes une jeune femme de 19 ans.

Les années ont passé. J'ai beaucoup travaillé. En 1974, je suis devenue la première femme conseillère technique d'un ministre de l'Intérieur. J'ai fondé une famille. En 1989, après avoir travaillé dans le secteur privé et refait des études, j'ai repris une imprimerie au bord du dépôt de bilan, à Torcy, en Seine-et-Marne. Pour la redresser, j'ai passé nombre de nuits sans sommeil. J'ai mené un combat quotidien pour remettre de la rigueur dans la production et la gestion, pour trouver de nouveaux clients et les satisfaire. Avec la secrétaire et une personne chargée du façonnage, nous n'étions au total que trois femmes dans une entreprise qui comptait une quarantaine de personnes. Il n'était pas facile de coordonner et de diriger tous ces hommes. Pendant dix années, j'ai été exclusivement dirigeante d'une PME, sans mener la moindre activité politique. C'est de cette manière que j'ai pu sauver une imprimerie et, donc, les emplois de cette entreprise : à ce titre, j'ai reçu le Prix des victoires de l'emploi d'Île-de-France.

Pourtant, tant avec les cadres qu'avec la CGT, ce ne fut ni simple ni aisé tous les jours. Au moment de la négociation sur les 35 heures, le délégué du personnel CGT trouva bonne l'idée d'inviter ses amis syndicalistes des autres imprimeries à venir manifester devant l'usine, au moment même où un certain nombre d'entre eux « faisaient monter les enchères » : ils s'étaient mis en grève pour obtenir, à la place des 35 heures hebdomadaires de travail, « 32 heures de travail payées 39 » ; ils revendiquaient également une semaine supplémentaire de vacances, dite « parisienne », au-delà des cinq semaines légales. Ils entendaient faire pression sur moi. Ils refusaient de comprendre que ma marge de manœuvre était très limitée par rapport à celle des grosses imprimeries. Je vécus ces moments très douloureusement.

Après cette manifestation, l'ambiance de mon entreprise ne fut plus la même : la négociation s'éternisa ; elle occupa de longues journées au détriment du travail de production. J'en suis sortie meurtrie. Et cela ne s'arrangea pas avec le temps, puisque j'eus « le privilège » de subir une nouvelle grève, très politique celle-là, entre les deux tours des élections législatives de 2002. Les grévistes, pour être sûrs que le plus grand nombre d'électeurs soit au courant, posèrent une énorme banderole sur le mur de l'entreprise : « Entreprise en grève ». Alors que le deuxième tour s'annonçait très « serré », j'ai dû interrompre ma campagne électorale et revenir siéger longtemps dans l'entreprise pour négocier, pour éteindre l'incendie.

Si ces batailles ont laissé en moi des traces indélébiles, c'est parce que ce milieu était particulièrement machiste. Je me souviens qu'un jour, par exemple, j'avais décidé de recruter une femme pour gérer les fournisseurs, le planning et la production. Je vis alors les cadres de l'entreprise débouler dans mon bureau et me lancer : « Nous ne serons jamais commandés par une femme ! » « Et moi ? » leur rétorquai-je. « Cela est différent, répondirent-ils, vous êtes propriétaire. » J'ai dû céder, le recrutement n'eut jamais lieu.

Chef de l'entreprise, je ne venais pas du « monde de l'imprimerie ». Et j'avais le malheur d'être une femme ! À leurs yeux, j'étais donc deux fois « déplacée », voire illégitime, et je devais en payer le prix... J'ai toujours dialogué, essayé d'expliquer mes choix, tenté d'obtenir l'approbation des cadres à chaque décision majeure que je devais prendre. Mais je pouvais bien faire tous les efforts du monde, j'étais constamment confrontée à une épreuve alors que je recherchais le consensus.

À ce propos, Laurence Parisot m'a raconté de quelle façon elle s'est présentée à la présidence du MEDEF[2]. Avant son élection, elle avait dû faire face à plusieurs échecs : des contrats perdus, des négociations qui n'avaient pas abouti. Elle ne comprenait pas pourquoi et se sentait fautive. Mais elle a réalisé que, derrière ce qu'elle nomme des « ratés », les élans de misogynie du milieu dans lequel elle travaillait avaient leur part de responsabilité. Définitivement avertie, elle a pu vérifier à quel point le machisme ambiant était partout autour d'elle et entravait sa carrière. Forte de ce savoir, quand il lui a fallu présenter sa candidature à la présidence du MEDEF devant le comité exécutif de l'organisation, elle n'a pas hésité à commencer son discours en proclamant haut et fort : « Je sais déjà que j'ai un handicap : je suis une femme ! »

Des années après, elle s'en amuse encore... Mais c'est très sérieusement qu'elle ajoute : « Les femmes doivent travailler bien plus et redoubler d'efforts en comparaison de leurs homologues masculins. Nous devons être infaillibles et avoir un niveau d'exigence dix fois, vingt fois, cinquante fois plus élevé ! »

D'expérience, je ne peux qu'être d'accord avec elle : c'est exactement ce que j'ai vécu lors de mon entrée en politique, en 2002. Candidate aux élections législatives dans une circonscription donnée gagnante d'avance par la gauche, on m'avait accordé l'investiture UMP

2. Entretien avec Laurence Parisot, 26 octobre 2009 (voir Annexe 2, page 231).

à la toute dernière minute : on ne me donnait aucune chance ! En clair, quitte à échouer, autant que l'échec soit celui d'une femme ! Ce raisonnement, classique et non avoué dans toutes les formations politiques, est récurrent. Il permet de mesurer le travail qui reste à effectuer. Un travail qu'il faut d'abord faire sur les mentalités, afin que la « moitié de l'homme » puisse occuper la place qui est la sienne, y compris en politique.

Habituellement, c'est dans cette circonscription que la droite réalisait le plus mauvais score de toute la Seine-et-Marne. Certains collègues – masculins – pensaient : « Elle va se planter magistralement ! » C'était là le machisme ordinaire qui gangrène nos partis politiques et j'allais devoir me confronter à lui.

La campagne électorale fut brutale et me blessa pour toujours. Dans mes réunions publiques du premier tour, les accusations d'incompétence et de « parachutage » constituèrent le seul refrain de mon adversaire de droite. Ses partisans se disséminaient dans les salles pour me poser des questions agressives et ils cherchaient à me ridiculiser. Il y eut même des actes de violences : des coups de poing furent échangés et quelques-uns de mes supporters furent obligés de recevoir des soins à l'hôpital.

Ces débordements d'agressivité à mon encontre, parfois de haine, ont d'abord choqué ; mais, au final, ils ont provoqué un mouvement de sympathie et d'adhésion. Le soir du premier tour, j'avais, ô surprise ! 8 000 voix d'avance sur mon compétiteur de droite. Deux jours plus tard, le mardi matin, je fus convoquée au conseil général à une réunion organisée par le patron de la majorité présidentielle de l'époque. À ma stupéfaction, on me reprocha mon score du premier tour ! Sur un ton peu amène, on me pria instamment de signer un engagement de soutien à mon compétiteur de droite pour les élections cantonales et municipales à venir. Sinon, on me ferait battre dimanche prochain !

Assommée, je suis sortie quelques instants dans le couloir. Innocemment, je m'étais attendue à recevoir des compliments et des appuis. Je sentais les larmes me monter aux yeux, j'étais K.-O. debout. Je suis revenue dans la salle et j'ai jeté à ces messieurs : « Je serai peut-être battue au deuxième tour, mais je ne trahirai ni mes amis ni mes convictions ! » J'ai quitté la salle et rejoint en courant ma voiture.

Effectivement, certains hommes de droite firent voter socialiste au deuxième tour, mais je fus quand même élue. Les premiers mois de mon mandat furent très durs. Il me fallait assumer et mon entreprise et mon rôle de députée, en partant de rien. J'avais une responsabilité sociale, je vendis l'imprimerie en décembre 2002.

Je me souviens de ma première permanence de députée dans ma circonscription et, plus précisément, de mon tout premier rendez-vous. Un homme d'une cinquantaine d'années se présenta. En me serrant la main, il me demanda : « Vous êtes la secrétaire ? À quelle heure vient le député ? » Visiblement, pour lui, seul un homme pouvait être député. Il avait dû voter pour un de mes concurrents masculins.

Je me souviens aussi de ma première cérémonie des vœux. C'était en janvier 2003. Fraîchement élue, je me rendais aux vœux d'une «intercommunalité», dans une ville hors de ma circonscription. Nous étions deux députés invités. Ma présence était d'autant plus légitime que l'intercommunalité comportait une dizaine de communes de ma circonscription. Lorsque «l'autre député», élu endurci, issu de mon parti, me vit arriver, il lança au président de l'intercommunalité: «Pourquoi a-t-elle été invitée? Ici, c'est: chaque putain dans son bordel!» Un lourd silence tomba sur l'assistance. J'ai, moi-même, d'abord été clouée par la stupeur. Puis j'ai voulu répondre, mais me lancer publiquement dans une diatribe contre un collègue UMP, plus ancien que moi, risquait d'être mal perçu et contre-productif. Finalement, j'ai encaissé sans rien dire.

Le président de l'intercommunalité, un socialiste, fut plus élégant: pour tenter d'effacer l'affront que m'avait fait un malappris, il souligna ostensiblement le plaisir qu'il avait à m'accueillir et ponctua à plusieurs reprises sa déclaration de «chère Chantal» très appuyés.

Pour les élections législatives de 2007, députée UMP sortante, il me semblait naturel de me représenter. Mais, lors de la réunion d'investiture des candidats au siège du parti, rue de La Boétie, j'eus la surprise d'entendre qu'il y avait peut-être une meilleure candidature que la mienne dans la huitième circonscription du département! Bien sûr, il s'agissait d'un homme, et, comme par hasard, il était maire d'une commune... de ma circonscription!

Seule femme autour de la table, seule à être contestée, humiliée, j'ai vivement réagi et n'ai pas mâché mes mots.

Mon bilan n'était pas mince et je ne le devais qu'à moi-même. Car, dès mon élection, en 2002, contre la volonté de certains de mes collègues masculins, je m'étais investie sur le terrain, dans les grands dossiers structurants de mon territoire. Si je m'en étais tenue aux règles implicites qui régissent ce milieu, j'aurais dû attendre que « les hommes » daignent m'abandonner une des missions auxquelles « les femmes », selon les préjugés masculins, seraient génétiquement vouées : l'enfance, le social... Au lieu de quoi, j'ai pris en charge quelques grands projets et quelques dossiers majeurs : nouvelle sous-préfecture, nouvel hôpital, district de police, etc. Et ces dossiers, je ne les ai pas lâchés une seule seconde ! Voulant absolument relever les défis qu'ils constituaient, j'ai réussi à tous les faire aboutir. Tous.

Pendant toute la durée de cette première mandature, derrière les « Mais pourquoi t'occupes-tu de cela ? », si souvent prononcés, j'entendais clairement : « Sois plutôt assistante sociale. Occupe-toi des sans-papiers, des sans-logement, des sans-travail ! » Mais les sujets « sérieux », les grands équipements publics, les implantations d'entreprises, leurs difficultés (comme celles de Disneyland autour de 2005), les arbitrages politiques locaux, tout cela était bien trop sérieux pour qu'une femme s'en charge. Selon ces messieurs, parce que j'étais une femme, ces questions-là ne pouvaient pas relever de ma compétence. Autrement dit, pour certains hommes, les femmes ne doivent s'occuper que du social, des crèches et, éventuellement, des maternelles. Mais les sujets sérieux ne sont pas pour elles !

Nathalie Kosciusko-Morizet[3] décrit très bien ce phénomène de « mise au ghetto » des femmes et de cantonnement de leurs rôles dans la vie publique : « L'irruption du sentiment en politique, dit-on souvent, serait le propre des femmes. Eh bien ! je trouve que, des femmes, on n'en parle pas bien ; et cela, même lorsqu'on veut en dire du bien. [...] Chacune des variantes de ce discours, fût-elle prononcée avec les meilleures intentions du monde, a quelque chose d'accablant. [...] Cette nature particulière qu'on nous reconnaît ou nous attribue a deux conséquences majeures : un appauvrissement et un enfermement. Un appauvrissement, car la femme, réduite à ses « qualités », perd de son tempérament individuel. [...] Un enfermement, car la conclusion de cet éloge est immanquablement la suivante : puisque vous avez ces qualités formidables, il faut les mettre au service de la collectivité de la manière qui leur est appropriée, aux dépens de toutes les autres voies qui peut-être vous auraient mieux convenu. »

3. *In* Nathalie Kosciusko-Morizet, *Tu viens ?*, Gallimard, 2009.

Donner une voix à celles qui n'en ont pas

Pendant de longues années, j'avais difficilement vécu mon statut de femme dans des milieux professionnels largement masculins. Néanmoins, tout cela était loin des violences telles que j'ai pu les appréhender par la suite. Une fois élue, j'ai commencé à recevoir et écouter les témoignages. Et, au fil des mois et des années, écrire un livre est une idée qui a cheminé en moi. Elle a fini par devenir une nécessité.

Depuis des années, ce sujet anime mon parcours en politique ; depuis des années, il fait partie de mes préoccupations quotidiennes, donnant du sens et du cœur à mon mandat d'élue.

Je voudrais donc briser la loi du silence. À travers ces lignes, il s'agit de donner une voix à celles qui n'en ont pas, à celles qui sont contraintes d'accepter, malgré elles, l'inacceptable.

J'espère donner à certaines le courage de briser leurs chaînes et, à d'autres, l'idée de se dire : « Pourquoi pas moi ? »

Actuellement, je le sais, quatre cas de violences familiales sur cinq ne sont pas détectés. C'est pourquoi, à travers mon engagement de femme politique, je veux provoquer une réflexion sur les mécanismes à mettre en place et sur les moyens à mobiliser afin que l'État – dont l'une des responsabilités principales consiste à protéger les plus faibles ! – puisse déceler ces violences.

La difficulté ne vient pas tant d'une absence de réponses légales (en fait, un arsenal de réponses existe qui est assez complet et tout à fait acceptable, sauf dans le cas des « nouvelles violences » du XXIe siècle) que de l'application insatisfaisante de ces réponses. Il s'agit donc, prioritairement, de faire appliquer le dispositif législatif en place et de lui donner tout son sens. Le rôle d'un député ne consiste pas uniquement à « pondre » des lois, mais aussi, et peut-être surtout, à veiller à ce que les lois votées soient efficaces sur le terrain.

Impulsée par une louable prise de conscience collective, la législation concernant les violences conjugales a connu une évolution positive et encourageante : loi du 23 décembre 1980 réprimant le viol conjugal, loi du 4 avril 2006 renforçant la prévention et la répression des violences au sein du couple, loi du 10 août 2007 sur la récidive. Mais il reste encore des améliorations à apporter. Car trop de dossiers sont classés sans suite ; et, d'un parquet à l'autre, les réponses pénales varient considérablement au détriment des victimes qui ne peuvent pas se fier à une réponse juridique unique.

L'amélioration des textes ou de leur application ne sera pas suffisante. Le rôle des associations dans la prise en charge de ces victimes devra aussi être renforcé : c'est important si l'on veut lutter efficacement contre les violences subies par les femmes. Et, chaque type de violence devant être considéré et traité dans sa singularité, j'écris aussi avec cet objectif : proposer des mesures en fonction de chacune de ces violences.

Si les évolutions sont lentes, c'est parce qu'il nous est difficile de reconnaître que l'intime, cet espace sacré, a toujours été le lieu principal de ces violences particulières, celles que subissent les femmes. Le sens commun veut que la famille soit un lieu d'affection, de construction de l'individu, et non le cadre d'une destruction. Soit. Mais, pour que les mentalités changent, pour que les lois progressent et servent à mieux protéger l'intégrité des femmes, il convient d'abord de faire admettre ceci : si l'intimité et la « sacralité » doivent être garanties lorsque le cadre familial joue pleinement son rôle constructif, *a contrario*, dès qu'il s'avère qu'elles camouflent des actes destructeurs, la société (la justice, la police) doit pouvoir intervenir. On ne peut pas, au nom du respect de l'intimité, passer sous silence l'humiliation d'une femme, la destruction d'une famille et, souvent, la déstructuration des enfants. J'écris pour qu'on ne laisse pas faire !

L'émancipation des femmes est un processus irréversible. Même si les obstacles continuent d'exister. Or, cette émancipation, signe du niveau de modernisation d'une société, ne peut être complète si nous laissons d'autres femmes subir aujourd'hui ce que leurs ancêtres du même sexe subissaient naguère.

J'écris parce que j'ai l'intime conviction que nous pouvons, à l'intérieur d'une société qui se revendique « civilisée », réduire les différentes formes de violence et de discrimination dont sont victimes les femmes. Mais nous n'y parviendrons qu'à la condition que nous devenions conscients des retards que nous avons accumulés.

Il nous faut en finir avec notre sentiment d'autosatisfaction. Il nous faut faire preuve d'humilité en reconnaissant que nous avons encore beaucoup de travail et de chemin à faire si nous voulons éradiquer un jour toutes les formes des violences faites aux femmes.

J'écris parce que certains s'obstinent à éluder ce problème, à éviter cette question.

J'écris pour que soient accordés aux femmes le rôle dans la société qu'elles méritent et la place dans la République qui leur est due.

J'écris pour débattre, pour formuler des propositions concrètes, pour qu'elles se traduisent un jour dans la vie quotidienne.

J'écris pour « dire » qu'on doit « faire ». J'écris pour agir.

J'écris pour toutes celles que je ne connais pas et dont le quotidien est un enfer.

J'écris pour toutes celles qui, pleines d'une volonté qu'elles ont tant attendue, tant espérée, auraient pu s'en sortir.

J'écris pour que cela cesse. Une fois pour toutes.

2

La violence conjugale ou la loi du silence

Je cherche le silence et la nuit pour pleurer.
Chimène *in* Pierre CORNEILLE, *Le Cid*

« À la Fête des mères, cette année-là, il m'a cassé le dos pour montrer à mon fils comment s'y prendre. »

« Chaque acte sexuel était un viol. Il avait l'habitude de m'amener à coucher avec lui en me menaçant d'aller réveiller mon fils... pour qu'il nous regarde si je refusais. Alors, chaque fois qu'on avait des rapports sexuels, c'était un viol. ».

« J'avais le droit d'avoir, mettons, 70 euros par mois pour les trois enfants, pour les habiller, et ce genre de choses, et très peu pour l'épicerie. Quarante euros devaient me suffire, tout simplement, pour tout ce dont je pouvais avoir besoin pendant le mois... Et on parle d'un professionnel qui gagne plus de 50 000 euros par an ! »

Ces trois témoignages, portés par trois femmes différentes, sont conformes à tous ceux que j'ai pu entendre dans le secret de ma permanence. Le schéma se reproduit d'un foyer à l'autre avec une similitude déroutante : les menaces, l'enfermement, la solitude, les agressions.

Pour évaluer l'importance du phénomène « violences conjugales », il ne faut pas s'en tenir aux chiffres publiés : ils ne comptabilisent que les faits révélés. Il n'en demeure pas moins que, officiellement, au cours de la seule année 2008, 156 femmes ont trouvé la mort dans le cadre d'un conflit au sein du couple et que 160 000 cas de violences intrafamiliales ont été recensés[1].

Gérard Lopez, psychiatre spécialiste des violences conjugales, souligne que « notre société est extrêmement sexiste. Les hommes continuent à être éduqués pour devenir les maîtres. Dans le modèle patriarcal, il suffisait à l'homme de hausser le ton pour que la femme se taise. Aujourd'hui, les femmes prennent leur indépendance et c'est insupportable pour certains hommes[2] ».

Le nombre de cas de violences conjugales aurait augmenté de 31 % depuis 2004[3]. Mais de quoi parle-t-on exactement ? Du nombre total de conjoints violents ? Ou seulement du nombre des femmes, qui, sous l'influence des nombreuses campagnes de sensibilisation lancées ces dernières années par les gouvernements successifs, ont eu le courage de se plaindre ?

Si les chiffres pèsent déjà très lourd, la violence conjugale voit sa funeste singularité être encore aggravée par l'atrocité même du calvaire qu'elle engendre. Processus lent et insidieux, on ne peut réellement le mesurer qu'à l'aune des témoignages, de la prise de conscience d'une violence « à part », et pourtant si proche. Le rapport *Justice*

1. Chiffres donnés par le ministère de l'Intérieur.
2. In *Le Journal du Dimanche*, 14 juin 2009.
3. Chiffres de l'Observatoire national de la délinquance.

et femmes battues[4] le dit clairement : « Le noyau familial est le réceptacle des pulsions violentes non exprimées dans la vie sociale, des conditions de vie précarisées [...] et de certaines conceptions culturelles des relations hommes/femmes. »

Comment la violence naît-elle et comment se déploie-t-elle ? Qui sont les victimes et qui sont leurs bourreaux ? Quelles solutions peut-on envisager ?

La violence psychologique

La violence conjugale ne concerne pas seulement les coups. Elle recouvre plusieurs types d'affronts qui peuvent autant se suivre que se combiner. On distingue généralement quatre formes de violence : les violences verbales et psychologiques, les violences physiques, les violences économiques, les violences sexuelles[5].

Au fil des récits que j'ai écoutés, j'ai constaté que, dans une grande partie des cas, ces violences s'enchaînent dans un processus d'escalade qui commence souvent par une violence d'ordre psychologique, infligée par un conjoint qui veut imposer sa domination.

Au début, l'homme s'en tient à des cris, à des insultes : « Le repas est mal préparé ! » « Tu es moche ! » « Tu ne sais

4. François Dieu et Pascal Suhard, *Justice et femmes battues*, L'Harmattan, 2008.

5. Selon l'Inserm.

rien ! » « Tais-toi lorsque je parle ! » « Tu coûtes trop cher ! » La femme finit par céder à ce pilonnage verbal et par accepter le dénigrement systématique de la part de son compagnon. Au cours de cette première étape, sans que la victime s'en rende compte, il se produit quelque chose de grave : elle intériorise progressivement les reproches qui lui sont faits.

Un jour, de façon inattendue, succédant à l'humiliation par le verbe, tombe le premier coup. Il peut prendre des formes diverses : une simple gifle, un poignet serré trop fortement, un objet envoyé violemment dans la direction de celle que l'on ne supporte plus et à qui l'on veut faire mal, une bousculade qui ne part de rien mais qui jette la femme à terre...

Souvent, les femmes victimes ne perçoivent pas le danger : elles considèrent qu'il ne s'agit là que d'un emportement passager et elles s'empressent de l'oublier. Pourtant, dans la plupart des cas, c'est le début d'un calvaire qui ira se répétant et s'aggravant. N'oublions pas que la sémiotique définit la violence comme l'échec d'une communication ; ainsi, la violence conjugale survient lorsque le conjoint violent s'aperçoit que le contrôle imposé par sa parole ne suffit plus à asseoir sa domination.

La voix, un spot réalisé par Jacques Audiard et lancé à la télévision le 10 juin 2009 par Valérie Létard, alors secrétaire d'État chargée de la Solidarité, dénonce de façon percutante cette violence psychologique. On voit l'ombre d'un homme qui marche derrière une jeune femme blonde tandis que la bande-son nous révèle ce qu'il pense, ce qu'il se dit *in petto*: «Cette femme, c'est un vrai boudin, rien ne lui va. Cette femme, c'est une vraie traînée, elle fait tout pour se faire draguer. Cette femme a des copines, elles sont aussi connes qu'elle. Cette femme, c'est la mienne.» Une voix féminine intervient alors et exhorte le spectateur à ne laisser aucune forme de violence s'installer au sein de son couple. Ce spot est précurseur dans la dénonciation de la violence psychologique.

Cette violence, en effet, est particulièrement dévastatrice et déstabilisante: très rapidement, les femmes qui y sont confrontées ne savent plus si elles sont les responsables ou les victimes de ce qui leur arrive. Pourtant, cette forme de violence est encore largement sous-estimée, voire carrément éludée: pour beaucoup, il n'y a violence conjugale qu'au premier coup porté. C'est une erreur: la majorité des cas débute par une pression mentale extrêmement forte. Les insultes et autres menaces peuvent s'accompagner d'actes d'intimidation qui détruisent progressivement la femme avant même qu'elle ne reçoive le moindre coup. Une jeune femme de ma circonscription l'a vécu.

Elle avait quatre ans d'études derrière elle. Elle s'est mariée à un homme qui peu à peu, fou de jalousie, l'a contrainte, à peine le mariage prononcé, à quitter son travail. Puis, à son tour, il a mis fin à sa propre activité professionnelle: il voulait être en mesure de vérifier le moindre des faits et gestes de sa femme ! Peu après la naissance de leur fils, cette jeune femme, le corps effroyablement amaigri et le visage ravagé par les larmes, s'est rendue au Secours Catholique : elle est venue raconter que son mari l'insultait depuis des mois et qu'il lui crachait à la figure. Et, si elle osait réagir, émettre la moindre protestation, il menaçait aussitôt de quitter le domicile conjugal et d'emmener l'enfant avec lui[6]. Les coups ont bientôt suivi. Mais c'est la violence psychologique qui s'est installée la première et qui, la première, a commencé à la détruire.

S'attaquer à cette violence psychologique peut donc, dans de nombreux cas, apporter une solution pour éviter que la situation ne dégénère et ne se transforme en violence physique aux conséquences dramatiques ou irréversibles. Introduire la notion de violence psychologique dans le droit pénal constituerait, selon moi, un bon moyen d'empêcher cette « irrésistible ascension » de la brutalité. Les plaintes spécifiques pour traumatismes mentaux au sein du couple trouveraient ainsi une réponse. Et la pénalisation, à travers des peines dissuasives, permettrait sans doute d'éviter une augmentation des chiffres statistiques comptabilisant les violences faites aux femmes.

6. Témoignage rapporté par Giovanna Brunet, présidente du Secours Catholique de Seine-et-Marne.

C'est l'évidence même : le silence des femmes victimes, leur répugnance à parler et à témoigner découlent directement de la violence psychologique qu'elles ont d'abord subie et qui les a conditionnées. C'est un « cercle vicieux » parfaitement connu : dénigrée, la victime développe un sentiment très profond de honte qui la réduit à garder ce qu'elle vit pour elle.

Je ne compte plus le nombre de femmes dont, je l'ai compris, le témoignage est indubitablement partiel et, par là même, partial... Je ne compte plus le nombre de femmes qui sont venues témoigner une fois et dont je n'ai jamais plus entendu parler par la suite. Est-ce seulement la honte qui les a poussées à se taire, finalement ? Est-ce la peur ? À chaque fois, pour moi, ce fut un échec.

Une fois la plainte déposée, je le sais bien, tout reste encore à faire.

Une femme qui maîtrise mal le français risque d'abandonner tout recours parce qu'elle ne comprend pas le cheminement de la procédure.

Une autre, qui cède à la panique, retirera sa plainte par peur de ce qui l'attend. Pourtant, c'est bien plus souvent dans son foyer même que le pire l'attend : après un dépôt de plainte, les représailles du mari, auxquelles s'ajoutent parfois celles de la belle-famille, sont particulièrement violentes. À la volonté de domination s'ajoute alors un désir de vengeance...

Dans pareils cas, la notion de « sentiment d'impuissance », pour l'élue que je suis, prend toute sa signification : malgré les moyens que me donne mon mandat électif, malgré ma capacité à activer aides et soutiens en utilisant tous les rouages de l'État, malgré l'énergie que je puise dans ma solidarité naturelle avec les autres femmes, parfois, je ne parviens ni à empêcher ni à gommer le malheur proprement humain et individuel qui s'abat sur certaines femmes. Comme si rien n'était possible, comme si rien n'était réparable... Comment vivre cela autrement que comme un échec ?

C'est sans doute pour cette raison que je me suis beaucoup intéressée à ces déterminants psychologiques qui sous-tendent les violences conjugales : pour réduire le nombre des échecs, pour aider les femmes victimes à vaincre le malheur, puis à le dépasser.

La difficulté que représente, pour une victime, le fait de parler et l'abandon d'une confession pourtant entamée ont été remarquablement décodés et analysés par Framboise Cherbit dans l'ouvrage *Une violence spécifique : les violences conjugales*[7]. Elle y décrit les étapes qui permettent à la victime de sortir de ce silence et, dans certains cas, de porter plainte. Le processus se fait en trois étapes.

La femme battue commence par se dire : « Je ne le changerai pas. » À ce stade, elle s'attribue la responsabilité des faits. Le mécanisme de transfert du bourreau a fonctionné !

7. *Une violence spécifique : les violences conjugales*, in *Œuvre de justice et victimes*, vol. 2, *Victimes : du traumatisme à la résolution*, L'Harmattan, 2003.

Ensuite, deuxième étape, le raisonnement de la victime évolue et devient : « Ça ne changera pas. » Elle met alors les faits « à distance » en intégrant des facteurs exogènes susceptibles de justifier le comportement de son conjoint : sa famille, son enfance, sa perte d'emploi, etc. Elle lui trouve en quelque sorte des excuses. Mais, désormais, elle ne s'identifie plus elle-même comme la source du problème, la cause de sa violence.

Enfin, troisième et ultime étape, le monologue intérieur de la victime aboutit à un autre énoncé : « Il ne changera pas. » Ce disant, elle réussit finalement à l'identifier, lui, comme auteur des faits et comme seul responsable de son malheur à elle. Elle s'est dégagée de sa culpabilité vécue, qui lui avait été inculquée, qu'elle n'avait véhiculée qu'à son corps défendant.

Ce n'est qu'à partir de cette troisième étape qu'une dénonciation – quel qu'en soit le destinataire : police, famille, amis – peut advenir.

Malheureusement, le plus souvent, un tel parcours n'est pas linéaire. Au contraire, il fait l'objet d'un va-et-vient permanent qui explique aussi bien les « abandons de confession » que la reprise de la vie conjugale (après une séparation) ou les retraits de plaintes. Ces violences entraînant de nombreuses femmes vers la dépression aiguë et la maladie psychiatrique, il est d'autant plus dur pour elles de conserver un regard objectif sur elles-mêmes et sur leur situation. Le repli apparaît alors comme la seule solution possible.

Ce mécanisme psychologique étant connu, nombre d'associations, s'occupant à la fois des victimes et des auteurs de violences, ont pour objectif premier de sortir les protagonistes de leur silence, en écoutant et conseillant. Elles mettent ainsi progressivement les hommes violents sur la voie d'une prise en charge médicale et amènent les femmes victimes sur le chemin du dépôt de plainte en les informant de leurs droits et en les orientant vers les services adaptés. Dans les deux cas (victimes comme bourreaux), le soutien psychologique permet d'« objectiver » la violence : elle n'est plus traitée comme un phénomène inhérent à la victime et ne concernant qu'elle ; elle devient un « objet en soi » dont l'une (la femme) est la victime et l'autre (l'homme), l'auteur. La victime perd sa culpabilité et le coupable, bon gré mal gré, devient enfin responsable.

Cette prise en charge psychologique est, en effet, aussi capitale pour le bourreau que pour la victime. « Les hommes qui agressent leur épouse sont généralement plus dépendants sur le plan affectif, peu sûrs d'eux-mêmes, se sentent dévalorisés et ont plus de mal à maîtriser leurs impulsions[8] », constate Marie-France Hirigoyen. Elle ajoute : « Ce sont leurs failles narcissiques (une faible estime d'eux-mêmes) qui constituent le soubassement du comportement des hommes violents. » La violence

---

8. OMS, « La violence exercée par des partenaires intimes », chapitre 4, in *Rapport mondial sur la violence et la santé*, Genève, 2002.

est donc pour ces hommes « un palliatif pour échapper à l'angoisse, ainsi qu'à la peur, à la peur d'affronter les affects des autres, peur d'affronter les leurs[9] ».

Le transfert d'une violence intérieure sur une personne extérieure est un processus psychologique connu. C'est pour cette raison que, depuis quelques années, des associations ont été créées, prenant spécifiquement en charge les auteurs de violences. Et, par ailleurs, dans le traitement judiciaire des violences conjugales, la prise en considération du facteur psychologique s'est traduite par une « obligation de soins » à laquelle sont soumis la plupart des conjoints violents : ils doivent se plier à des visites médicales régulières et fournir les preuves de ce suivi à la justice.

Mais ce système, tel qu'il est conçu aujourd'hui, comporte une faille majeure, que j'ai pu constater à maintes reprises : l'obligation de soins ne spécifie pas toujours quel type de médecin les auteurs de violence doivent consulter. Certains d'entre eux, comme preuve de leur bonne volonté, peuvent ainsi se contenter d'obtenir des certificats auprès d'un généraliste, quand ce n'est pas auprès de leur médecin de famille.

Il serait donc indispensable que le texte régissant l'obligation de soins soit modifié et spécifie quel type de médecin – psychanalyste, psychologue ou psychiatre – est

9. In *Le Harcèlement moral : la violence perverse au quotidien*, Syros, 1998, puis La Découverte, 2003.

habilité à traiter ces hommes violents. Il ne serait pas non plus inutile qu'il soit procédé à une vérification beaucoup plus minutieuse... du fait que les visites en question ont bien lieu !

Les récidives étant fréquentes, il serait également nécessaire que, une fois la peine judiciaire achevée, le suivi médical puisse continuer. On éviterait ainsi de nouvelles violences et on contribuerait à faire baisser les chiffres de la sinistre comptabilité des femmes victimes.

Une violence sociologique ?

L'étude des facteurs psychologiques qui conditionnent la relation entre l'homme violent et sa victime amène à s'interroger : qui sont ces victimes ? Qui est leur bourreau ? Dans quelles circonstances cette violence se déploie-t-elle ?

Si l'on considère le nombre supposé de victimes, trop peu de femmes ont témoigné, trop peu de plaintes ont été déposées : c'est insuffisant pour établir un profil type des hommes violents. Néanmoins, d'expérience, en écoutant la parole des femmes victimes venues me voir, j'ai constaté que leurs propos ont toujours corroboré les contours esquissés par plusieurs études. Loin de moi l'idée de généraliser hâtivement ! Mais je suis bien obligée de considérer qu'il existe chez tous les hommes violents suffisamment de caractéristiques communes pour qu'on puisse ébaucher, sinon une typologie, au moins une première définition.

Tout d'abord, contrairement à ce que l'on pourrait croire, les violences infligées aux femmes ne sont pas le fait des seuls milieux défavorisés. Ces brutalités transcendent les clivages sociaux : les hommes violents appartiennent à tous les milieux, toutes les cultures et tous les niveaux de formation. L'Enquête nationale sur les violences envers les femmes en France, dite ENVEFF, publiée en 2001, a démontré qu'il n'y a pas un statut socio-économique qui prédispose la femme à être victime de violences, mais que le fait d'« être du sexe féminin constitue le facteur principal d'exposition au risque d'une agression sexuelle[10] ».

À preuve : des femmes, occupant des postes importants au sein de la société, ont brisé le tabou et sont allées porter plainte. C'est ce qu'a fait en mars 2009 une de mes collègues, une députée socialiste, contre son compagnon. Elle l'a accusé de « violences » ; il a nié. Je ne cite pas ce cas en cédant au voyeurisme – je me sens sincèrement solidaire de cette collègue ; je le cite pour apporter la preuve que cette maladie de la société touche bien des sphères dont certains pensent qu'elles sont épargnées. Il y eut aussi ce grand nom du barreau qui fut poursuivi

10. *Les Violences envers les femmes en France. Une enquête nationale.* La Documentation française, collection « Droits des femmes », 2003.

par son épouse : elle l'accusa de violences, notamment de coups et blessures ; il le contesta...

Ces deux affaires distinctes démontrent que même un avocat, même le compagnon d'une femme politique peut se montrer violent à l'encontre de sa compagne. Par ailleurs, ces deux affaires pourraient laisser croire que les femmes issues des milieux aisés parlent plus volontiers que les autres, mais il n'en est rien.

En 2002, lorsque j'ai été élue députée, on m'a très vite susurré que la femme d'un élu local était violentée, frappée. Pourtant, ils allaient ensemble à la messe le dimanche ou partaient en vacances tous les deux. Malgré les nombreuses confidences qui m'ont été faites, je me suis tue : je n'avais aucune preuve, je n'avais aucun contact avec cette femme. Mais un jour, une personne de son entourage familial a porté plainte, avant de la retirer aussitôt... Alerté, le procureur de la République a poursuivi la procédure. Il y eut un procès, et l'élu a été condamné en première instance.

J'ai eu d'autres témoignages d'épouses d'élus battues. Faute de pouvoir les aider, elles, directement – elles ne le voulaient pas –, j'ai sanctionné leur mari à ma manière : j'ai toujours ignoré leurs requêtes, quelles qu'elles fussent ; j'ai toujours refusé de leur apporter un quelconque soutien politique.

Ces exemples montrent que la violence conjugale n'épargne personne : pas plus les femmes d'élus, de banquiers et de dirigeants d'entreprise que les femmes d'employés ou de chômeurs. Certes, il ressort des statistiques que les populations les plus fragiles ou les plus précarisées sont surreprésentées dans le chiffrage des violences : 81,5 % des femmes victimes sont issues des classes moyennes ou des milieux défavorisés. Mais c'est peut-être parce que les femmes socialement privilégiées se taisent plus que les autres.

On peut comprendre cette réticence à porter plainte. Comment vous rendre au commissariat de votre quartier lorsque votre mari est un haut fonctionnaire, un représentant d'une autorité importante ? Ou, même, lorsque – j'ai connu cette sorte de cas – c'est votre mari le commissaire ? J'ai fini par apprendre que la plainte peut être reçue dans n'importe quel commissariat de France, loin du domicile conjugal, mais combien de femmes le savent ?

Il n'empêche : dans les milieux aisés, du fait de son éducation, la femme victime se sent investie d'une responsabilité « supérieure ». Elle ne peut ni ne veut être celle qui divise la famille, celle qui brise le miroir des convenances. Elle raisonne toujours ainsi : cet homme est un mauvais mari, mais il reste un bon père. Le divorce serait une solution, mais il reviendrait à faire perdre à cette femme son statut familial et social, un statut autour duquel elle s'est construite tant vis-à-vis d'elle-même que vis-à-vis des autres.

En plus, dans ces milieux aisés, la pression sociale et matérielle annihile, si besoin était, toute propension à se plaindre. Dénoncer un mari violent revient à se couper de ses proches et de ses fréquentations. Cela implique aussi de devoir quitter son confort pour plonger dans un univers inconnu qui sera nécessairement moins luxueux ; et entraîne un déclassement bien réel : le logement mis à la disposition d'une femme victime est rarement du même standing que celui dans lequel elle vivait auparavant ! Et, au final, cette femme qui aurait osé porter plainte et qui aurait tout perdu ne serait plus, aux yeux de la société et de son microcosme, que « celle que son mari battait ».

Plutôt que de vivre ce désastre annoncé, la plupart des femmes victimes vivant dans un milieu aisé préfèrent reprendre à leur compte et appliquer la devise de la monarchie britannique : *« Never complain, never explain. »* Traduction : « Ne jamais se plaindre, ne jamais expliquer. »

Précarité financière pour les plus démunies, dépendance économique et pression de la bienséance pour les « privilégiées » : dans les deux cas de figure, les femmes victimes sont « enchaînées » à leur bourreau et trop peu d'entre elles osent rompre le silence. En d'autres termes : femmes battues « pauvres » et femmes battues « riches », même combat ! Et adieu différences sociales !

Pour toutes, les difficultés sont les mêmes. Pour chacune d'elles, envisager de déposer une plainte suppose d'avoir préalablement compris et accepté sa condition de victime ; et, ensuite, passer à l'acte, franchir la porte d'un commissariat de police reviendrait à jeter une douleur privée sur la place publique. Pour ces raisons, le plus souvent, le silence est roi. Cesse-t-il de l'être un instant, pour autant cette rupture ne débouche pas obligatoirement sur une procédure judiciaire.

Car, faute de solution alternative, une partie des victimes, même après avoir réalisé leur situation, reprennent leur vie de couple : une femme victime sur quatre agit ainsi, disent les statistiques. D'autres ne font qu'agiter la menace d'un recours à la justice : elles le font pour que les coups cessent. Et, si elles vont jusqu'à déposer une plainte, elles la retirent quand elles estiment avoir atteint leur objectif, avoir enrayé la violence. Menace et retrait font long feu : la fois suivante, le bourreau n'en tient pas compte et cogne encore plus fort... Mais constaterait-on autant de renoncements si ces femmes étaient matériellement et financièrement indépendantes ?

J'ai aussi été frappée par la jeunesse des victimes que j'ai rencontrées. Dans leur ouvrage *Justice et femmes battues*, François Dieu et Pascal Suhard donnent ces chiffres : 60,3 % des victimes ont entre 25 et 45 ans, et 28,3 % entre 46 et 60 ans. Et cette explication : si une large majorité des femmes battues appartiennent à la tranche 25-45 ans, c'est parce que dans cette période de la vie se concentrent des événements qui peuvent favoriser la violence : mariage, enfants, échecs professionnels, etc.

J'ai effectivement remarqué que certaines circonstances encouragent l'expression de la violence. J'en ai trouvé confirmation sous la plume de François Dieu et Pascal Suhard. Ils mettent en tête de ces situations :

la querelle de ménage, la séparation et l'alcoolisme. Ils citent ensuite, dans l'ordre : la jalousie, le conflit autour de l'éducation des enfants, l'existence d'une relation extraconjugale...

Une violence circonstancielle

Voici un document particulièrement intéressant : le recensement national des morts violentes survenues au sein du couple en 2003 et 2004 précise que le « mobile » de la séparation intervient dans 31 % des affaires de crimes.

À chaque fois, le conjoint meurtrier, épris d'un désir de domination toujours insatisfait, n'a manifestement pas supporté que sa femme puisse affirmer son indépendance et la pousser jusqu'à la rupture. De nombreux témoignages montrent que ce type de conjoint, avant même d'en venir un jour à la violence physique, avait organisé unc surveillance quasi permanente des faits et gestes de sa compagne : il la suivait dans la rue, il la harcelait au téléphone, etc. Mis devant le fait accompli d'une décision de séparation irréversible, il la vit comme le pire des affronts, il la ressent comme une atteinte expressément destinée à le dévaloriser. Dans cette circonstance-là, l'escalade de la violence a toutes les chances d'être plus rapide et surtout plus dure.

La dispute de ménage se développe selon un mécanisme différent. Elle est souvent utilisée comme un prétexte. D'après les récits de femmes victimes que j'ai entendus, elle constitue probablement le « déclencheur » de violence le plus courant. Nombre de celles que j'ai rencontrées me l'ont affirmé : lorsque leur conjoint veut et va frapper, il cherche d'abord querelle, il provoque artificiellement un conflit qui servira ensuite de justification à ses coups. Les exemples cités dans *Justice et femmes battues* illustrent crûment un pareil comportement : « une soupe trop salée », un repas trop tardif « servent d'alibi pour l'homme qui n'a plus envie de se contrôler ».

François Dieu et Pascal Suhard notent que, dans cette situation, et contrairement à celle de la séparation, la reprise de la vie commune intervient dans 44,7 % des cas. Il semblerait donc que la querelle de ménage ne soit qu'un prétexte récurrent pour reproduire à chaque fois le même scénario : l'homme frappe, la femme pardonne.

La fréquence de retour du même « film » peut s'accélérer lorsque le quotidien de l'homme violent se dégrade, quelle qu'en soit la raison : perte d'un emploi, crise de jalousie envers un ami, etc. Il éprouve alors la nécessité de « reprendre le contrôle » perdu, de compenser la perte de confiance en soi et d'estime de soi qu'il ressent : il invente n'importe quel prétexte pour retrouver la jouissance de dominer quelqu'un ; et il s'octroie de la sorte le droit de frapper.

J'ai longtemps pensé que l'alcoolisme était quasi consubstantiel à la violence domestique de l'homme, qu'il accompagnait systématiquement toutes les violences faites aux femmes. Cette vision, un peu « à la Zola », a sensiblement reculé. Car il semblerait que l'alcool accompagne ou aggrave ces violences plus qu'il ne les engendre. Mais, s'il n'est pas une cause directe, il ne faudrait pas qu'il serve d'excuse à tous les bourreaux ! « L'alcoolisation ne doit pas être synonyme de déresponsabilisation, explique Marie-France Hirigoyen, citée dans *Justice et femmes battues*. Il faut d'ailleurs préciser que tous les alcooliques ne sont pas violents et que les alcooliques sevrés peuvent le rester. » Il n'est donc pas question que l'incidence de l'alcool sur les actes des hommes violents soit négligée ou évacuée.

Plus rarement évoqué, mais plus dangereux encore, est l'impact de la drogue. Je suis vraiment effrayée par les ravages qu'elle provoque. Toutes les enquêtes montrent l'importante proportion de jeunes qui consomment des produits stupéfiants. Les chiffres sont alarmants : 3,9 millions de « drogués », dont 1,2 million de consommateurs réguliers pour le seul cannabis. Et, sur ce total, 30 % des fumeurs accoutumés de cannabis sont de jeunes adultes ! Actuellement, dès l'âge de 16 ans, les jeunes Français sont les premiers consommateurs d'Europe[11]. Particularité : cette pratique ne disparaît pas quand ces jeunes entrent dans la vie active.

11. Chiffres publiés sur le site du ministère de l'Intérieur (www.interieur.gouv.fr).

Les ravages de la drogue, je les ai repérés dans trois domaines : les accidents de la route, la vie professionnelle et la famille. Malheureusement, sur chacun de ces terrains, nous manquons d'indications précises et chiffrées ; nous ne possédons donc aucun élément décisif qui permettrait d'apprécier l'influence de la consommation de drogue sur les violences conjugales. Mais on sait bien que la drogue, douce ou forte, a des conséquences sur le comportement humain. Ainsi, les nombreux chefs d'entreprise, directeurs d'usine, directeurs des ressources humaines que j'ai rencontrés, et avec qui j'ai abordé le sujet, ne m'ont pas caché les symptômes qu'ils ont repérés chez certains de leurs salariés manifestement consommateurs de « paradis artificiels » : perte de concentration, irritabilité, stress, déprime, etc. L'ensemble de la question mériterait d'abord une vaste étude et, ensuite, des moyens de lutte renforcés.

La grossesse ou l'accouchement constituent également des contextes propices à la violence conjugale. Il s'agit là, encore une fois, aux yeux du compagnon violent, de l'irruption d'un élément extérieur qui vient remettre en cause son fonctionnement unilatéral de domination. Pourtant, la présence d'enfants peut s'avérer salvatrice pour la femme victime.

En effet, un éventuel désaccord autour de l'éducation d'un enfant ne génère pas obligatoirement de la violence, mais la venue et la présence de l'enfant s'avèrent rapidement décisives pour la reprise ou non de la vie conjugale.

Et, le plus souvent, on l'a constaté, cette présence est un facteur de séparation définitive. Ce, pour plusieurs raisons. D'abord parce que, chez la femme, quand l'enfant est là, le sentiment de culpabilité, qui entraînait auparavant le pardon et la reprise de la vie commune, est désormais supplanté par l'instinct maternel et de protection. Ensuite, parce que l'avènement d'un enfant provoque souvent une ouverture des femmes victimes à la société, au monde extérieur au foyer. Corollaire : pour la société, les femmes battues deviennent des mères de famille. Conséquemment, le regard de la femme victime sur elle-même est alors susceptible de changer...

Si la femme n'évolue pas quand son enfant est en bas âge, une fois qu'il est scolarisé la donne est différente : l'enseignant qui prend l'enfant en charge, constatant éventuellement des troubles psychologiques ou physiques chez lui, en avertit en premier lieu la mère à la sortie de l'école. La mère trouve ainsi l'occasion de prendre conscience de sa situation et réalise qu'il lui faut solliciter de l'aide.

Car les enfants sont également des victimes de la violence conjugale. S'ils ne reçoivent pas directement des coups, les perturbations psychologiques qu'ils subissent sont désastreuses ! Il arrive aussi qu'un enfant s'interpose spontanément entre ses deux parents, pour protéger sa mère qui, depuis sa naissance, entretient avec lui une relation fusionnelle.

Dans d'autres cas, l'enfant en vient, par mimétisme, à adopter le comportement de son père. Une telle situation est, hélas!, plus fréquente qu'on ne pourrait le croire. Aussi a-t-elle fait l'objet, en 2006, d'une campagne télévisuelle lancée par la fédération nationale Solidarité Femmes. Elle était basée sur ce constat de bon sens: «Un homme qui maltraite sa femme apprend la violence à ses enfants.» On y voyait une femme battue par son mari. Allongée à terre, pleurant, elle recevait un ultime coup de pied dans le ventre de la part de son fils âgé d'environ 5 ans: quelques minutes avant, il avait été le spectateur d'une terrible scène de violence conjugale...

Comme tout le monde, je savais que les enfants de femmes battues, traumatisés par une souffrance qui les ronge, ont tendance à être violents envers leurs camarades de classe. Un jour, j'ai connu une femme battue dont le fils, en grandissant, s'est mis à la frapper à son tour pour imiter son père. Pour moi, c'est le cauchemar absolu. Ce sont là des images et des paroles qui m'ont marquée pour toujours.

Les conséquences psychologiques des violences domestiques sur la mère comme sur l'enfant sont de plus en plus prises en compte par la justice: maintenant, lors d'un recours judiciaire, elles sont considérées comme des «circonstances aggravantes». Auparavant, la réponse de la justice se bornait à un dédommagement matériel et financier. Aujourd'hui, progressivement, les traumatismes et autres dommages «intangibles» subis par les victimes sont pris en compte et reconnus.

Comment cette réponse judiciaire est-elle organisée ? Que résout-elle ? Quelles sont ses limites ?

Le traitement judiciaire et ses limites

Des centaines de livres abordent, spécifiquement et en profondeur, la question du traitement judiciaire des violences conjugales. Aussi ne m'attarderai-je pas sur les procédures, mais plutôt sur les lacunes de ce système, dont on peut déplorer les effets.

D'abord, comment effectuer une juste corrélation entre d'un côté, la nature des blessures et les déclarations de la victime et, de l'autre, des témoignages éventuels ? C'est une véritable difficulté. Car, souvent, les blessures ne sont pas visibles : elles ne sont pas toujours physiques ; ou, lorsqu'elles le sont, le mari s'arrange pour frapper les endroits du corps sur lesquels les coups laissent le moins de traces, sur le ventre par exemple.

Au cours de mon premier mandat, j'ai rencontré une femme qui m'a expliqué comment agissait son mari : il la frappait plutôt le vendredi soir, sachant que le week-end laisserait plus de temps pour la cicatrisation des plaies et autres contusions. L'objectif étant d'éviter que, le lundi venu, les coups ne se voient. Dès lors, même si un certificat médical est établi (ce qui est toujours indispensable !), il ne sera pas évident pour la police et la justice d'associer au diagnostic une cause et une responsabilité irréfutables.

Autre problème : c'est au parquet qu'il appartient de fonder le caractère intentionnel des faits, mais la démonstration ne s'avère pas si simple. S'il est clair pour tous que la femme victime n'a pas provoqué les coups et qu'elle n'est en rien responsable des actes de violence qu'elle a subis, le mari, lui, dans sa déposition, en l'absence de témoin (ce qui constitue la majorité des cas) prétendra volontiers le contraire. Ce déni n'empêchera pas que la sanction soit prononcée, mais il pourra en faire varier le degré.

Ces carences peuvent avoir de lourdes conséquences. Je n'ai pas oublié ce qu'il est advenu d'une femme prénommée Mireille. Un jour, un communiqué de presse de l'association Collectif féministe contre le viol a relaté son drame en quelques phrases poignantes.

Victime de violences conjugales pendant plusieurs années, Mireille avait déposé plainte à maintes reprises, en n'oubliant pas de prévenir les autorités que son mari était en possession d'armes à feu. Elle avait aussi dit et redit qu'un jour il la tuerait. Au fil des perquisitions et autres procédures d'enquête, la police avait fini par rassembler, en plus du témoignage répété de la jeune femme, un certain nombre de preuves matérielles des violences, viols et sévices sexuels divers. Le procureur, comme l'a souligné le communiqué de l'association, « avait insisté sur la dangerosité potentielle de cet homme ».

Mais, après une énième plainte, et contre toute attente, la détention préventive du mari a été refusée.

Une fois sorti de garde à vue, le premier geste du bourreau fut celui que l'on pouvait craindre : le 19 juin 2007, il a abattu Mireille de onze coups de feu.

Pour exceptionnelle qu'elle soit, cette histoire me renvoie pourtant à une autre, plus récente mais dont j'ai eu à connaître personnellement. Une femme, habitante de ma circonscription, m'avait écrit. Je l'ai reçue en urgence. J'ai tout de suite remarqué sa dignité et compris son courage. Elle me raconta son calvaire. Le 19 avril 2009, son mari avait tenté de la tuer à coups de couteau sous les yeux de sa fille de 4 ans et demi.

Habituellement, il ne la frappait pas, mais il la rabaissait constamment : il ne supportait pas qu'elle eût un travail plus valorisant et mieux payé que le sien. Pour la punir, il l'empêchait de dormir et l'humiliait constamment. Un dimanche matin, alors qu'elle s'apprêtait à quitter le domicile conjugal pour aller se réfugier chez sa mère, il l'a surprise rassemblant quelques affaires : il est devenu « comme fou ». Après avoir cherché à l'assommer avec une bûche, il l'a lacérée de coups de couteau. Alors qu'il tentait de l'enfermer à l'intérieur de la maison, elle a réussi, ensanglantée, à ouvrir la porte principale et à sortir dans le jardin avec sa fille dans les bras. Un voisin, alarmé par les hurlements, l'a hissée avec l'enfant pardessus le mur qui séparait leurs deux maisons.

Lorsque cette femme est venue me voir, son mari était incarcéré en détention provisoire à la prison de Fresnes, en attente de son procès. Le couple s'étant marié sous le régime de « la communauté des biens », elle était encore obligée d'obtenir la signature de son mari emprisonné pour engager certaines dépenses ! Bien que le pire fût derrière elle, pour des questions matérielles, elle était contrainte de maintenir des contacts avec son bourreau : elle était terrorisée à l'idée que son mari sorte de prison. Avec le cabinet du garde des Sceaux, je suis intervenue pour que cette femme recouvre son indépendance financière.

C'est pour éviter que de tels drames ne se multiplient qu'il me semble nécessaire, dans les cas de violences physiques particulièrement graves, que la victime puisse demander le divorce en comparution immédiate. Autrement dit, sur demande de la victime, en comparution immédiate de l'agresseur, le juge pourrait prononcer le divorce ; ce qui permettrait à la femme de retrouver rapidement son indépendance.

Avantage non négligeable, la procédure de comparution immédiate comporte une disposition qui, selon moi, justifie son extension : l'enquête sociale rapide. De cette façon, dès que la comparution est prononcée, le juge pourrait ordonner une enquête qui évalue avec précision, mais dans des délais très brefs, le contexte du déploiement de la violence : conditions matérielles, situation familiale, etc. À partir de quoi il serait à même d'évaluer la situation dans sa complexité et de décider plus justement du degré de la sentence à prononcer.

Dans leur ouvrage, François Dieu et Pascal Suhard soulignent que le parquet utilise la procédure de comparution immédiate dans seulement 1,4 % des affaires[12]. Ce chiffre est le reflet du degré de gravité des faits, qui, heureusement, n'atteint pas toujours des sommets. Mais, quand un recours pénal aux tribunaux est prévu, il est inconcevable que la victime soit obligée de continuer à entretenir des relations avec son conjoint : le cas de Mireille démontre le risque mortel que cela lui fait courir !

De nombreuses plaintes pour violence conjugale sont traitées sous la forme d'une médiation pénale. Cette procédure, alternative aux poursuites pénales, consiste à rassembler les deux conjoints autour d'un médiateur pour tenter de trouver une solution au problème. On peut aisément deviner les limites d'une telle démarche : le plus souvent, la femme battue, hantée par la peur permanente que provoque en elle son mari, se garde bien de dire la vérité. Si ce n'est pas la peur qui la conditionne, c'est l'envie de lui donner une nouvelle chance qui la fait se taire. En fait, la médiation ne résout rien, elle pérennise plutôt la situation de violence : en mettant sur un pied d'égalité la victime et l'auteur des violences, elle n'offre pas une juste appréhension du problème. C'est pourquoi je suis favorable à une modification de la loi dans le but de proscrire la médiation pénale pour les cas de violences conjugales.

12. Il s'agit des affaires traitées par les parquets d'Albi et de Castres au cours de la période 2004-2005. Les auteurs les ont minutieusement examinées pour écrire leur étude.

Déjà, certaines améliorations des textes vont dans le bon sens. C'est le cas de l'extension de la procédure d'éloignement du conjoint violent au concubin et au compagnon pacsé, extension voulue et initiée par Michèle Alliot-Marie. De son côté, Nadine Morano, secrétaire d'État chargée de la Famille, a fait récemment une annonce judicieuse : elle entend expérimenter les bracelets électroniques pour les conjoints violents, sur prescription judiciaire.

Cette méthode a d'ores et déjà porté ses fruits en Espagne, et l'on peut espérer les mêmes résultats en France. Le bracelet est scellé au bras de l'agresseur, il se recharge par les mouvements du poignet. La femme victime, elle, est équipée d'un boîtier qui sonne si son ex-conjoint tente de l'approcher. Le même boîtier est également relié à un centre de contrôle : en cas de problème, ce centre lui indique un autre itinéraire qui lui évitera de croiser son agresseur ; il permet aussi à la victime, si la situation s'envenime, de solliciter l'intervention de la police.

En Espagne, l'usage du bracelet électronique assure une exécution sans faille de la procédure d'éloignement. Le dispositif, après avoir été testé à Madrid, a été étendu à tout le pays au cours de l'été 2009. Le ministère espagnol compétent indique que le nombre de morts dues aux violences conjugales a baissé de 14 % depuis la mise en œuvre de ces bracelets GPS. Autre intérêt qui n'est pas le moindre, ce système donne à la victime une chance de retrouver une vie normale : elle n'a plus peur et peut se reconstruire plus sereinement.

En France, il faut le reconnaître, le renforcement de la pénalisation des violences conjugales a eu des retombées positives. L'instauration d'une pénalisation aggravée de la récidive a entraîné un indéniable durcissement de la répression des violences conjugales en général. On peut parler d'effet dissuasif : s'il est loin de tout résoudre, cet effet a néanmoins permis de sensibles améliorations.

Les femmes victimes ont besoin de savoir que la justice est de leur côté. Elles en seront persuadées quand elles pourront bénéficier d'un système pénal juste et complet.

Sur ce point, le rôle de l'élu rejoint celui des associations. Quand je suis confrontée à une femme qui laisse percer un vécu douloureux derrière un propos vague ou une information allusive, je cherche avant tout à lui faire prendre conscience de sa situation. En tant que députée, après lui avoir apporté écoute et soutien, je n'hésite pas à lui rappeler que des lois existent pour la protéger. Sans tomber dans une dérive paternaliste qui serait contre-productive, j'ai le devoir de lui faire comprendre que sa situation est identifiée et qu'il existe des solutions.

Hélas ! ces solutions ne valent pas pour toutes les femmes victimes. Pour les femmes sans papiers, victimes de violences – et elles sont nombreuses ! –, je n'ai rien pu faire. J'ai abandonné Radhouche à son drame. Elle était venue me demander des papiers qu'elle n'avait pas. Elle n'avait ni les siens ni ceux de son enfant, confisqués par son mari qui ne voulait pas qu'elle s'en sorte. Ils vivaient dans deux pièces. Elle n'avait pas le droit d'allumer l'électricité dans la journée, même l'hiver. Elle ne mangeait souvent que du pain et buvait de l'eau.Elle assistait debout aux jeux du père et de son fils. Elle dormait par terre au pied du lit. Nous n'avons pas parlé des coups, je ne lui ai pas posé la question. En cette fin d'après-midi, je me suis sentie sans moyens, fatiguée, probablement lâche. La tâche m'a paru immense : en dehors du lancement d'une procédure de régularisation dont je ne pouvais garantir la réussite, que pouvais-je faire pour cette femme en situation illégale ? Encore aujourd'hui, je ne saurais répondre à cette question.

Je me suis longtemps dit que, si toutes ces femmes viennent me voir, c'est qu'il doit y avoir en elles une volonté de mettre fin à ce qui n'a que trop duré. Mais, en même temps, elles minimisent l'importance de leur histoire et de leurs souffrances. Pour certaines d'entre elles, la violence n'est pas un fait anormal. Elles ne s'en plaignent pas : pour elles, c'est une donnée inhérente à la vie des femmes ; au pire, c'est un défaut masculin. Comment défaire de tels clichés ?

La banalisation de la violence n'est pas un fait récent. Mais comment extraire cette banalisation, progressivement, de la conscience collective ? Sans doute faudrait-il agir sur les individus lorsque leur esprit est encore assez réceptif aux préceptes moraux. Pour ce faire, il conviendrait que, dès les plus petites classes, dans le cadre des cours d'éducation civique, on ajoutât « une heure d'éducation à la mixité et au respect homme/femme » à l'emploi du temps des élèves.

J'ai bien conscience que vouloir éduquer les jeunes écoliers pourrait vite prendre un caractère réactionnaire. Mais je reste convaincue qu'agir sur une population jeune reste le meilleur moyen d'endiguer la naissance de comportements inacceptables chez les adolescents, puis chez les adultes.

Dans des communes de ma circonscription, comme j'ai pu le constater, certaines cours d'écoles et de collèges sont le théâtre de propos et de violences qui, aussi anodins qu'ils pourraient paraître au premier abord, n'en sont pas moins déjà inquiétants et doivent être surveillés. On sait aussi qu'aujourd'hui les pires insultes sont systématiquement liées à une représentation en rapport avec la sexualité : les mots « putes », « garces », « salopes » sont malheureusement légion lors des récréations...

Que voit-on, par ailleurs ? Les filles portent de moins en moins de jupes, elles adoptent de plus en plus un accoutrement masculin, voire une rhétorique et une attitude « masculines » : elles se conduisent comme si, à travers de tels comportements, elles cherchaient à afficher une sorte de « virilité » pour se protéger.

Si nous disposons déjà, en France, d'un arsenal législatif assez conséquent pour lutter contre les violences faites aux femmes, il reste encore un long et lourd travail à effectuer sur les mentalités et les comportements.

Car la loi ne peut pas tout. La prévention, à long terme, est plus efficace que la sanction pour changer « de l'intérieur » ces mentalités et ces comportements. Je vois trois voies pour parvenir à ces changements : sur le fond, mettre en place une véritable « éducation aux relations hommes/femmes » dès le plus jeune âge ; sur la forme, renforcer une pénalisation stricte des auteurs ; et, en parallèle de ces deux voies, veiller à alimenter en permanence les victimes en informations sur leurs droits.

Élu(e)s, ministres, associations, notre objectif est le même : aider les femmes victimes à prendre conscience de leur calvaire et leur permettre de sortir de leur silence mortifère. Un témoignage lucide, que j'ai lu sur le site du ministère du Travail, dit simplement le déclic décisif que nous espérons tous. Il est signé « Astrid » : « Alors, on sort moins, on ne sort plus, on resserre le milieu social dans lequel on évolue jusqu'à le supprimer totalement. [...] Chaque insulte, chaque coup, chaque humiliation, chaque pression équivaut à plusieurs années de rémission. Mais, un jour, on se réveille, on décide que ça doit s'arrêter. Plus tôt on voit les choses en face, plus tôt on veut s'en sortir ; et moins dure se fera la cicatrisation. »

3

Les violences « coutumières » ou le mensonge du relativisme culturel

Ceux qui manquent de courage
ont toujours une philosophie pour le justifier.

Albert CAMUS

S'il est une forme de violence particulièrement complexe, c'est bien la violence « coutumière ». Il s'agit de ce que subissent des femmes pour des raisons culturelles ou religieuses à l'intérieur de certaines communautés ethniques ou religieuses.

Mais je ne pense pas qu'il puisse exister une violence à proprement parler « coutumière », dans la mesure où une violence n'est pas réellement spécifique à telle culture, telle civilisation ou telle ethnie en particulier : les femmes souffrent toutes de la même manière, qu'elles soient nées à Paris, à Dakar, à Casablanca ou à Bamako.

En réalité, nous qualifions de « coutumières » des violences pratiquées en raison d'une superstition ou d'une croyance. Le plus souvent, ces violences se fondent non pas sur la religion elle-même, mais sur les interprétations rigoristes, sinon intégristes, que certaines personnes en font.

À titre d'exemple, je peux citer ma position sur la question du voile intégral – l'une des formes pernicieuses de ces violences « coutumières ». J'ai été concernée de près par ce problème : ce qui est devenu « l'affaire du burqini » s'est produit dans ma circonscription ! La jeune baigneuse qui arborait ce maillot de bain intégral se baignait dans une piscine de la commune d'Émerainville.

Il ne m'appartient pas de commenter les textes religieux ni de m'essayer à en faire l'exégèse. Simplement, comme à la majorité des femmes, la burqa m'est insupportable[1] : c'est un symbole de soumission et d'emprisonnement. Je le dis d'autant plus librement que je sais que mon point de vue va dans le sens de toutes ces musulmanes qui, en Iran, au Maroc, en Algérie ou ailleurs, se battent pour ne pas avoir à se draper dans ce symbole de l'intégrisme et de la négation de la femme.

À cause de leur choix, parce qu'elles ont refusé de porter ce voile, nombre d'entre elles ont dû s'exiler et ont choisi la France comme terre d'accueil : certaines habitent ma circonscription. Au contact de ces femmes, j'ai appris que le « voile intégral » n'est pas une prescription de l'islam, mais une recommandation d'un courant musulman extrémiste qui affirme mensongèrement qu'il s'agit d'une « obligation religieuse ».

L'objectif de ces intégristes est clair : ils veulent faire croire à ces femmes qu'elles le portent de leur plein gré. Des spécialistes de la question, eux-mêmes de confession

---

1. Selon une note du ministère de l'Intérieur, citée par *Le Figaro* du 9 septembre 2009, on compterait en France 2 000 femmes portant la burqa.

musulmane, quand ils ont été auditionnés par la commission d'enquête parlementaire sur le port du voile intégral, ont confirmé la réalité de cette manipulation orchestrée par une secte au sein du monde musulman : le salafisme, en l'occurrence.

Je soutiens donc la position du président de la République, qui a clairement dit devant le Congrès que cet « accoutrement » n'avait pas sa place en France. Je partage aussi l'avis des personnalités qui, telle Élisabeth Badinter, s'indignent et alertent : « Si on cède [...], on abandonnera toutes celles qui veulent vivre comme les autres. » Je pense qu'il faut légiférer à ce sujet, non pas sur le voile en général mais sur le cas particulier du voile intégral. Une loi devrait être rédigée et votée qui interdirait le port de tout vêtement qui empêche d'identifier les personnes dans les lieux publics.

La Norvège – par ailleurs exemplaire en ce qui concerne la participation des femmes dans les conseils d'administration des entreprises, la loi y imposant un quota de 40 % d'élues – a autorisé le port du *hidjab* pour les femmes policières. Mais, à juste titre, Benoîte Groult fait remarquer qu'il s'agit d'« un symbole sexuel et non pas d'un symbole religieux[2] ». Selon moi, on ne doit donc pas transiger. Parce que la femme qui accepte cet accoutrement accepte en même temps de s'exclure de la société dans laquelle elle vit, de s'éloigner du monde de l'enseignement et de celui du travail, de prendre ses

2. In *Le Journal du Dimanche*, 1er mars 2009.

distances à l'égard de la société. Et aussi parce qu'un tel destin n'est pas digne du projet que notre pays a prévu pour elle : un projet de liberté.

Comme le port « obligatoire » du voile intégral, les autres formes de violences coutumières se fondent toutes sur le même postulat inacceptable : l'infériorité de la femme. Cette infériorité « décrétée » ne s'en tient pas à l'institution d'une prépondérance du rôle social de l'homme. Elle s'appuie aussi cyniquement sur un préjugé, partagé mais dangereux, qui fait de la femme un être « impur », incapable de maîtriser ses pulsions. Les récits que j'ai pu entendre à ce sujet, et qui témoignent tous d'une telle vision, m'ont toujours rappelé la conception du « sexe faible » qu'avait la médecine dans la France du XIXe siècle.

À cette époque, les premiers balbutiements de la psychanalyse et les célèbres expériences de Charcot sont venus renforcer l'image, déjà largement répandue, d'une femme indigne de confiance parce que inévitablement soumise à ses « fureurs utérines ». Lors de sa révélation médicale, l'hystérie a été présentée comme une maladie exclusivement féminine. Par ignorance des mécanismes de l'inconscient (découverts par Sigmund Freud quelques années plus tard), on préféra alors voir dans la femme un être qui, parce qu'il échappe à la compréhension des hommes, échapperait à lui-même.

C'est bien cet « être puéril et inconstant » qui est la cible de la violence coutumière. Les trois formes les plus connues de ladite violence – l'excision, les mariages forcés et la polygamie – ne sont en fait que des stratagèmes destinés à éviter que la femme ne domine l'homme ou ne soit son égale, en particulier de la façon la plus prévisible qui soit selon d'aucuns : en trompant son mari. Quelle que soit la forme utilisée, le processus de cette violence et la vision de la femme qui le sous-tend sont révoltants. Il s'agit de rien d'autre que de lui imposer une contrainte, physique et morale, pour prévenir et empêcher tout « emportement » éventuel de cet « éternel enfant ».

L'excision

Fanta est une jeune Malienne de 27 ans. Elle a subi une excision alors qu'elle vivait déjà sur le sol français : « Je suis arrivée en France à 4 ans, avec ma mère, pour rejoindre mon père qui travaillait déjà dans l'Hexagone. J'avais 12 ans quand j'ai été excisée. C'était l'été et, avec ma mère, on était chez sa sœur aînée. Ma tante vivait seule avec ses trois plus jeunes enfants, dont deux filles. J'avais deux ans de moins que l'une et l'autre avait le même âge que moi. On était dans la chambre quand ma tante est venue nous dire que les deux femmes arrivées la veille étaient là pour nous exciser. Je n'ai pas compris ce que ça voulait dire mais j'ai eu peur quand elle nous a demandé d'être courageuses. Elle nous a dit que c'était obligatoire et que toutes les filles passaient par là. »

« Ma cousine, poursuit Fanta, a été la première et j'ai suivi. Ma mère est venue me chercher dans la chambre et m'a emmenée dans le salon. Il y avait là ces deux femmes. Je me suis allongée par terre, comme on me l'a dit. Ma mère m'a répété d'être courageuse. Elle est sortie avec ma tante. J'avais peur, mais je ne pouvais absolument rien faire. J'ai hurlé, dès qu'elle a commencé. Je voulais qu'elle arrête, mais il m'était impossible de bouger. La brûlure était atroce. J'ai appelé ma mère au secours, mais ça n'a servi à rien : j'ai perdu connaissance. Quand j'ai repris conscience, ma mère était penchée sur moi et essayait de me faire boire. Pendant un mois, j'ai pleuré de douleur. On devait se laver plusieurs fois par jour avec de l'eau chaude. On était épuisées, mais la douleur nous empêchait de dormir. On souffrait chaque fois qu'on essayait d'uriner. On ne mangeait presque pas, on ne parlait pas, on ne bougeait pas. On était dans les vapes, ne distinguant même plus les jours des nuits, mais nos mères semblaient heureuses et fières ! Évidemment, je n'en ai plus jamais parlé. Lorsque je suis avec mes cousines, on évite d'aborder le sujet. Mais je veux changer ! J'en ai marre de souffrir de ce qu'on m'a fait et je pense que la première chose pour arrêter ça, c'est d'en parler et de faire comprendre qu'on ne cesse d'en souffrir. »

La violence d'un tel geste est ignoble et intolérable. L'excision est une mutilation, pratiquée dans de nombreux pays africains, qui consiste en l'ablation du clitoris, voire des grandes lèvres, chez la petite fille. Il ne faut pas la confondre avec l'infibulation, qui se traduit par une suture des lèvres et de l'ouverture vaginale, laissant un tout petit orifice pour l'écoulement de l'urine et des menstruations.

L'excision est souvent pratiquée sur des fillettes, avant l'adolescence, afin que le souvenir s'efface avec le temps. Mais, comme on peut l'imaginer, elles oublient rarement.

Impossible d'oublier à cause des séquelles sanitaires : les hémorragies, les déchirements (qui se produisent lors des accouchements ou pendant de simples rapports sexuels) et les infections à répétition sont le lot commun de nombreuses femmes excisées au cours de leur enfance.

Impossible d'oublier à cause des conditions d'insalubrité – conditions traumatisantes – dans lesquelles sont effectuées la plupart des excisions : la fillette est allongée à même le sol d'une pièce ; elle est mutilée à vif au moyen d'un couteau ou d'une lame de rasoir qui servent plusieurs fois sans être désinfectés. Et, après « l'opération », rien n'est fait pour permettre une cicatrisation saine de la plaie : parfois, on applique une simple crème antiseptique ; presque toujours, on ne préconise que quelques bains d'eau chaude.

Fréquemment excisées pendant le séjour de la famille dans leur pays d'origine – en Afrique de l'Ouest, au Mali, au Sénégal, en Mauritanie, en Guinée-Bissau, en Égypte où 97 % des femmes sont excisées –, les filles grandissent sans connaître leur « différence ».

La découverte de leur particularité survient toujours à l'improviste dans diverses circonstances de leur vie quotidienne : lors d'un rendez-vous gynécologique ou d'un premier rapport sexuel, pendant un cours d'éducation sexuelle ou au détour du visionnage d'un film, ou même au hasard d'une conversation avec d'autres filles. Cette révélation provoque, chez elles, un terrible choc. Et une souffrance morale qui ne s'effacera pas facilement, qui durera peut-être à vie...

Au moment d'être excisées, les fillettes ne reçoivent aucune explication, ni préalable ni consécutive à l'acte. Comme le disait Katoucha Niane, une jeune Guinéenne devenue *top model*, décédée en février 2008 et qui s'est longuement battue contre l'excision, « on apprend toujours à fermer les jambes et, là, on me les a écartées sans rien m'expliquer ». La fillette exécute donc un ordre sans l'ombre d'une conscience de ce qui lui arrive. La souffrance physique est d'autant plus forte qu'elle ne peut être liée, dans l'esprit de ces toutes jeunes filles, à aucune origine extérieure.

Je suis mère de famille. J'ai vu mes enfants grandir et je sais, pour l'avoir observée, la façon dont une petite fille pleure lorsqu'elle s'est fait mal. Je sais que, même à l'âge de 6 ou 8 ans, elle comprend la raison de son mal. Je sais que c'est à nous, parents, de la lui faire comprendre lorsqu'elle l'ignore. Or, c'est précisément cette manière de profiter et de souiller l'innocence de ces fillettes, en leur infligeant *de facto* une souffrance atroce, qui me révolte le plus dans la pratique de l'excision.

De même qu'elles n'ont rien compris sur le coup, de même les victimes de l'excision ne comprennent toujours rien lorsque, des années plus tard, elles constatent qu'elles ne sont pas «faites comme les autres». Elles se perçoivent comme handicapées et développent souvent un ressentiment aigu contre leurs parents, agents de leur souffrance. Mais il est souvent trop tard pour qu'elles se rebellent... S'il existe bien une opération de chirurgie plastique réparatrice qui permet à la victime d'améliorer sa sexualité, cette intervention coûte cher et n'assure pas pour autant le recouvrement d'un degré de plaisir identique à celui d'une femme qui n'a jamais été excisée.

La difficulté dans le cas de l'excision, comme dans toutes les autres formes de violences faites aux femmes, provient donc plus de la détection du phénomène en amont que de sa résolution en aval. Or, à ce propos, notre société a encore beaucoup d'efforts à faire, surtout du côté de la PMI (Protection maternelle et infantile), c'est-à-dire là où les excisions pourraient être systématiquement décelées.

C'est dans le cadre de la PMI, lors de visites médicales régulières, qu'on vérifie, jusqu'à l'âge de 6 ans, la descente des testicules chez les petits garçons et le bon développement de la vulve chez les petites filles. Jusque-là, tout va bien. Mais dès lors que l'âge de 6 ans est dépassé, tout change : si l'examen de la descente des testicules se poursuit lors des visites effectuées par la médecine scolaire, celui de la vulve n'est plus effectué !

Car les médecins scolaires, contrairement à la PMI, n'ont plus l'obligation de vérifier l'appareil génital des petites filles...

Connaissant parfaitement ce palier, les mères attendent que les fillettes aient dépassé leur sixième anniversaire pour les emmener au pays et les faire exciser.

Une façon simple de diminuer le nombre d'excisions pratiquées serait de faire poursuivre l'examen de la vulve par la médecine scolaire. Je propose donc que l'État prenne en considération cette spécificité et qu'on réfléchisse à introduire une case dans le carnet de santé qui spécifie si, oui ou non, l'enfant est victime de cette mutilation. De cette manière, l'examen pédiatrique suffirait à alerter les autorités, notamment la protection de l'enfance, afin que des mesures soient aussitôt prises contre les parents. En instituant ainsi une vigilance accrue durant la période la plus propice à la pratique de l'excision, on pourrait brider le développement du phénomène.

Il faut aussi rétablir la vérité : contrairement à une interprétation erronée que j'ai beaucoup entendue au contact des victimes ou des associations, l'excision n'est pas un simple rite de passage de nature culturelle. Le fait que cette tradition se perpétue depuis plus de vingt-cinq siècles ne saurait en aucun cas excuser la barbarie d'un tel acte. Devrait-on entériner l'existence d'une telle pratique au prétexte qu'elle n'appartient pas à notre vision occidentale de la distinction homme-femme et que nous ne serions donc pas en mesure de la comprendre ?

Passer par pertes et profits une mutilation à vif et à perpétuité, sous prétexte qu'elle participe d'un système de valeurs différent du nôtre, c'est laisser la voie libre à la pérennisation de violences insoutenables. Pour résoudre la question de l'excision, il faut commencer par la prendre pour ce qu'elle est, en soi et pour soi, sans la replonger dans un environnement culturel qui n'est pas le nôtre. Faire s'allonger une petite fille pour lui couper à vif le clitoris n'est pas un fait accompli devant lequel nous devrions nous incliner. C'est encore moins l'expression d'une culture. C'est tout simplement une horreur !

Trop souvent, j'ai eu à déplorer l'attitude de médecins – sans signifier pour autant qu'elle est celle de l'ensemble du corps médical – qui refusent de respecter leur obligation légale de déclarer une excision lorsqu'ils en constatent l'existence : ils partent du principe que c'est une tradition et qu'à ce titre on ne peut rien faire ! Ils pensent aux conséquences juridiques importantes auxquelles la famille de la victime serait exposée et ils renoncent à la dénoncer...

Combien de temps laisserons-nous se perpétuer de tels réflexes qui reviennent à laisser impuni un acte de violence au nom de son caractère « domestique » (quand il s'agit de violences conjugales) ou « culturel » (quand il s'agit de l'excision) ? À trop vouloir excuser, on finit seulement par permettre à ces actes barbares de perdurer.

Au regard de nos lois et de nos convictions, l'excision est une violence ayant entraîné une mutilation irréversible.

La douleur qu'elle provoque atteint des sommets, le traumatisme qu'elle entraîne est perpétuel ; et la volonté de réduction de la liberté de la femme qui sous-tend pareille pratique est absolument intolérable. C'est pour toutes ces raisons qu'il faut condamner l'excision.

Bien sûr, en combattant l'excision, en faisant reculer sa pratique, nous affirmons nos valeurs, nous défendons le principe d'égalité entre les sexes. Mais nous rendons d'abord un service aux nombreuses fillettes qui viendront vivre sur notre sol et qui n'auront pas à supporter cette atrocité.

Tel fut le résultat du procès d'Hawa Gréou, l'exciseuse des communautés malienne, sénégalaise et mauritanienne de Paris. C'était en 1999. Je me souviens de cette affaire comme si c'était hier. Cette femme, qui venait elle-même du Mali, avait été condamnée une première fois en 1994 à un an de prison avec sursis pour avoir pratiqué plusieurs excisions. En 1999, c'est une étudiante d'une vingtaine d'années qui, à l'approche de l'excision de sa sœur, avait porté plainte contre l'exciseuse, et contre sa propre mère. Le procès qui en découla eut un retentissement qui n'était pas prévu.

Car vingt-six mères, qui avaient fait appel à ses services, se sont retrouvées aux côtés d'Hawa Gréou sur le banc des accusés. Et, au terme d'une série d'audiences mouvementées, « mama Gréou » a écopé de huit ans de prison ferme. Pour les mères, les peines ont varié de deux à cinq ans de prison avec sursis.

Lorsque je considère cet événement avec recul, je me dis, à l'instar d'associations comme le GAMS (Groupe d'abolition des mutilations sexuelles féminines), que ce procès a permis une avancée considérable. Hawa Gréou a reconnu ses méfaits : elle a admis que son inculpation lui avait permis de réaliser que certaines pratiques ne devaient pas se poursuivre, du moins sur un autre sol que celui du pays d'origine. Le pensait-elle vraiment ? Ou cherchait-elle à faire réduire la peine qu'elle risquait ? Peu importe. Le procès a montré, par-delà les clivages culturels, que la loi peut s'appliquer et que la justice peut sanctionner.

Depuis 1984, en France, l'excision est un crime relevant de la cour d'assises : elle entre dans le cadre des « violences ayant entraîné une mutilation permanente ». À ce titre, qui l'a pratiquée est passible de dix ans d'emprisonnement et de 150 000 euros d'amende ; et de quinze ans de prison si la victime est une mineure de moins de 15 ans.

À l'annonce du verdict du procès Gréou, certains ont protesté contre la lourdeur des peines. À ceux-là je réponds en reprenant les mêmes termes que ceux qu'a employés l'avocate des victimes dans sa plaidoirie : « Il ne s'agit pas de juger l'intention des parents, mais le résultat de leur acte. Qu'ils aient agi ou non pour le bien de leurs filles, le résultat est une mutilation à vie. »

Les huit années de prison infligées à Hawa Gréou se voulaient un geste fort, elles l'ont été. À cette occasion, se libérant de la pesanteur des traditions, de nombreuses mères ont compris les dangers, souvent ignorés, de l'excision et réalisé les dégâts que cette pratique peut provoquer sur la santé physique et mentale de leurs filles.

Céline Verbrouck, avocate au barreau de Bruxelles, spécialisée dans le traitement judiciaire des cas de mutilations génitales féminines, a témoigné du cas de Salimatou Diallo : « Salimatou, elle, a été excisée à l'âge de 14 ans avec un simple tesson de bouteille... Pour soigner son hémorragie, l'exciseuse a utilisé de la boue mélangée à des excréments... Elle n'avait pas été préalablement anesthésiée. Elle a été coupée à vif. Elle se souvient très bien de ses douleurs atroces[3]. » Ce n'est qu'un exemple parmi des milliers d'autres.

Selon le GAMS, il y aurait actuellement, sur le sol français, au moins 20 000 femmes et 10 000 fillettes mutilées ou menacées de l'être. Le verdict du procès Gréou et la campagne de sensibilisation menée en avril 2009 par Valérie Létard – pour lutter contre l'excision et les mariages forcés – sont venus soutenir des mesures préventives efficaces. Ces efforts de prévention et de sensibilisation doivent se poursuivre. Ils doivent aussi être précisés et déclinés différemment selon la cible à laquelle on s'adresse. Ils doivent se développer aussi bien auprès des personnes résidant sur le territoire

3. Voir le site www.justice.gouv.fr/art_pix/1_mutilationsgenitalesfeminines.pdf

français qu'en direction des primo-arrivants auxquels il faut apprendre que cette mutilation est strictement interdite en France et que sa pratique les exposerait à des poursuites judiciaires.

Aucun compromis n'est envisageable. Il faut aussi impérativement agir sur le terrain dès lors que celui-ci est propice au repérage d'une excision. Les deux milieux les plus favorables sont : les associations qui reçoivent les témoignages des jeunes excisées, le monde médical qui peut détecter directement l'excision.

Lorsque ce sont des jeunes filles mineures qui viennent raconter leur histoire à une association, celle-ci est dans l'obligation de déclarer l'excision auprès de la justice. Leur cas est alors immédiatement transmis aux UMJ (Urgences médico-judiciaires) qui vérifient la réalité de l'excision et entament des poursuites contre les parents si le cas est avéré. Si ces jeunes filles sont majeures, c'est à elles de choisir de porter plainte ou non. De nombreuses jeunes filles ont conscience de cette variable et ne viennent donc pas témoigner, ou attendent leur majorité... D'où l'intérêt qu'il y aurait à rendre obligatoires le « dépistage » de l'excision et sa mention dans le carnet de santé : cela permettrait de dévoiler chaque cas et de prendre les mesures adéquates bien avant la majorité des victimes.

De son côté, pour pouvoir faire face à un diagnostic d'excision, le personnel médical doit être mieux formé. Depuis 2006, l'ensemble du personnel soignant a l'obligation de « faire une formation » en médecine génitale. Si cette formation est effectivement suivie par les sages-femmes, par les auxiliaires de puériculture et par les infirmières, elle est nettement moins dispensée au sein des écoles de médecine. Il en résulte que nombre de médecins ne font rien lorsqu'ils constatent une excision, parce qu'ils ne savent pas quoi faire ! Il est donc impératif de mettre en place dans les écoles de médecine la formation prévue.

Il ne faut pas seulement assurer la formation des professionnels de santé, il faut aussi renforcer leur mobilisation. Les médecins, par exemple, qu'ils soient généralistes, gynécologues ou médecins scolaires, disposent d'un argument fort contre l'excision : l'impact sanitaire de cette pratique, encore trop ignoré par la plupart des mères. Que ne l'utilisent-ils systématiquement ! Car cet argument-là est à même d'être entendu par les familles étrangères qui restent insensibles à nos convictions basées sur notre civilisation humaniste. C'est une chance à saisir.

La lutte contre les violences coutumières tire sa difficulté du manque d'arguments exogènes au simple choc des cultures. L'affirmation de nos valeurs républicaines ne parvient que rarement à endiguer le réflexe de nombreuses communautés qui cherchent à échapper à la dilution identitaire inhérente à toute immigration. Ce réflexe de repli sur certaines traditions est d'autant plus fort que, souvent, l'intégration des immigrés se passe mal, voire ne se produit pas.

L'argumentation sanitaire est donc décisive : elle fournit aux médecins un outil efficace dont nous autres élus ne disposons pas et que notre discours institutionnel ne peut pas remplacer.

En matière d'excision, le combat doit être mené sur tous les terrains, par tous les moyens. Car il n'y a rien à excuser, rien à justifier, rien à relativiser : en France, on ne mutile pas à vif des enfants, un point c'est tout !

Les mariages forcés

Les mariages forcés constituent une autre forme de la violence dite « coutumière ».

Sanna, une jeune Française d'origine turque, aînée d'une famille de trois enfants, m'a raconté sa terrible épreuve : « Mes parents ont toujours été stricts. Je n'avais pas le droit de sortir ; c'était l'école, la maison et rien d'autre. Je n'avais aucune copine et, à l'adolescence, je n'avais pas le droit d'avoir de petits copains. Les seules filles que j'étais autorisée à fréquenter étaient celles des amies de ma mère. » Sanna était « promise » à son cousin depuis son plus jeune âge. Même les voisines la surveillaient : « Chaque mère veillait sur ses filles et sur celles de ses amies. » Selon elle, « c'était la moitié du quartier qui surveillait les faits et gestes des jeunes filles ». Ce serait une question « d'honneur », l'honneur étant incarné exclusivement par la femme dans certains milieux...

Le cousin de Sanna, le « promis », vivait en Allemagne et était assez aisé. Le mariage fut donc célébré outre-Rhin, alors que Sanna n'était âgée que de 18 ans et qu'elle venait d'échouer au bac. Mais son drame ne s'est pas arrêté à ce mariage totalement organisé par la famille. « Durant deux ans, m'a-t-elle confié, j'ai subi les coups, les viols et les insultes. » Elle a ajouté : « J'étais son esclave ! » En plus, elle devait supporter ses « maîtresses, qu'il ramenait parfois à la maison ».

Plusieurs mois après leur mariage, une forte dispute a éclaté dans la rue : « Il a commencé à me frapper. Il avait serré ses mains autour de mon cou quand deux hommes nous ont séparés. Pendant qu'ils se battaient, j'ai fui. J'ai couru chez une amie à qui j'ai emprunté de l'argent pour payer une nuit d'hôtel, sachant qu'il viendrait directement chez elle me chercher. Le lendemain, j'ai appelé une copine en France et elle m'a pris un billet de train. Je suis restée chez elle pendant près de trois mois, puis j'ai rencontré mon compagnon au travail. Je vis avec lui dans le sud de la France, mais je sais que, si ma famille me retrouve, ils me tueront. »

Je le dis clairement : le mariage forcé est un viol que l'on officialise. Son effroyable réalité est multiple. On contraint la femme à une union à force de séquestration et de sévices. On prolonge le cauchemar par des viols réguliers. On achève le supplice par l'établissement d'une dépendance financière et administrative. Le résultat est là : papiers confisqués, argent délivré au compte-gouttes, coups en tout genre, enfermement loin de tout secours. Tel est le quotidien de milliers de victimes qui, sur notre sol, ignorent tout du monde qui les entoure.

Oui, il s'agit bien d'un viol officialisé. La volonté de la femme et son intégrité sont d'abord violées lorsque l'on choisit le partenaire de sa vie à sa place. Son corps l'est ensuite sous la forme du dépucelage violent qui lui est infligé par un homme souvent de quinze ou vingt ans plus âgé qu'elle, et qui, généralement, la dégoûte. Sa liberté, enfin, est violée en continu par la situation de « quasi-esclavage à durée indéterminée » qui lui est imposée. Pour elle, une telle cruauté est invraisemblable, « incroyable » au sens littéral du mot : c'est sa propre famille qui l'a délibérément précipitée dans ce système de violence organisée !

De religions diverses, les femmes victimes de mariages forcés sont originaires de différents pays : elles sont surtout indiennes, pakistanaises, maghrébines ou africaines. Certaines sont nées en France, d'autres sont venues y habiter à l'issue de leurs noces. Le mariage a pu être célébré à l'étranger ou sur le sol français, avec un membre de la famille ou un proche de celle-ci. La plupart du temps, les jeunes filles sont réticentes : le seul stratagème « de conviction » utilisé par la famille se résume à la séquestration et aux coups.

Et, après leur mariage forcé, ces jeunes filles sont souvent violées et victimes de grossesses non désirées, presque toujours séquestrées et déscolarisées. Tout cela, au nom d'une idéologie endogame liée, une fois encore, à la peur d'une perte ou d'une dilution des traditions, et enracinée dans une volonté de contrôle de la sexualité des filles. Mais c'est oublier que, dans notre pays, le mariage est un acte légal, fondé sur l'union de deux individus majeurs et consentants !

Je n'ignore pas que le mariage forcé est, au même titre que toutes les violences coutumières, le fruit d'une radicalisation des pratiques « traditionnelles » que des parents imposent à des enfants – les leurs ! – qu'ils ne contrôlent plus. Je n'ignore pas, non plus, que c'est en réaction à un constat de non-intégration que certaines communautés exercent de telles violences. Elles sont souvent le signe d'un repli identitaire. Et que la solution dépend autant de notre capacité à intégrer les communautés que de la capacité desdites communautés à accepter nos valeurs et nos lois. Mais je ne saurais accepter que tous ces réflexes soient érigés en excuses recevables. Là encore, il faut d'abord considérer la violence produite, la violence en elle-même.

Il est intolérable que des femmes soient contraintes de vivre dans une quasi-clandestinité – comme c'est le cas de Sanna – pour échapper à la « colère » de leurs propres parents, frères et sœurs, qui voient dans le rejet de leurs pratiques violentes une marque de déshonneur.

Souvent, à ce propos, quand des femmes victimes viennent me voir afin que nous essayions de trouver ensemble des solutions adaptées, j'ai constaté que la souffrance qu'elles expriment en premier est toujours une réaction anticipée à l'hostilité, voire à la haine, que leur geste provoquera au sein de leur famille. Elles m'en parlent avant même de me confier leurs souffrances quotidiennes.

C'est en cela que le mariage forcé est pervers : le refuser, c'est refuser sa famille. Mais, pour y échapper, les femmes victimes n'ont pas d'autre voie : il leur faut d'abord réaliser que leur famille – souvent, leur seul cadre de référence – est l'instigateur de leur martyre. Ce qui revient – et c'est là un lourd travail – à faire passer l'existence de la femme victime en tant qu'individu à part entière... avant son existence en tant que membre d'une famille ! Elle ne doit plus être « sœur de » ou « fille de », mais simplement Sanna ou Nojoud.

Aussi longtemps que je le pourrai, je me battrai pour rappeler que, en France, c'est en « être humain dans son intégrité » que la loi considère les femmes ; et que c'est bien ainsi qu'elles doivent se considérer elles-mêmes. Pour cette raison fondamentale, au-dessus des revendications identitaires ou culturelles auxquelles on ne saurait se référer pour justifier telle ou telle violence, se tient et demeure la loi : c'est cette loi, dans toute sa vocation protectrice, qui doit s'appliquer et s'imposer.

Ce qui n'est pas le cas aujourd'hui ! Il y a donc lieu de jeter une lumière crue sur des pratiques auxquelles il est urgent de mettre un terme. Ainsi, certains imams, bien que leurs mosquées aient pignon sur rue, ne respectent absolument pas les deux principes légaux qui sont exposés par le code civil et qui conditionnent tout mariage : le consentement et la majorité. Ils pratiquent sans vergogne des mariages religieux qui unissent à des hommes des femmes parfois mineures et qui, surtout, n'ont jamais donné leur consentement ! À Paris, à l'adresse de tel boulevard ou de telle avenue, cela se produit parfois plusieurs fois par jour !

Pour en finir avec ces mascarades, il faudrait rappeler sans cesse, publiquement et en toutes occasions, ce que ces imams risquent lorsqu'ils bafouent la loi. Et, à l'image de ce qui s'est produit avec la condamnation d'Hawa Gréou, il faudrait qu'un procès emblématique fasse la démonstration, une fois pour toutes, que la loi peut et doit s'appliquer : seules des sanctions pénales, enfin infligées, réussiraient à dissuader ces imams de continuer à célébrer des mariages illégaux.

Mais il ne suffit pas de condamner, il est également nécessaire de prévenir. Pour ce faire, il serait utile de lancer une vaste campagne de sensibilisation qui expliquerait aux primo-arrivants et rappellerait aux immigrés déjà présents sur notre sol ce qu'est la loi française régissant le mariage. Une campagne qui chercherait aussi à éclairer les parents en faisant appel à leur conscience : marier leur fille de force à un homme, c'est l'exposer à de grandes souffrances physiques et psychologiques, c'est faire volontairement son malheur.

Attention aux amalgames ! Le mariage forcé n'est pas un mariage blanc, encore moins un mariage arrangé. Les mariages blancs ont un objectif migratoire et font l'objet d'un compromis entre époux dans le but de fournir des papiers d'identité à celui qui n'en a pas. Les mariages arrangés, s'ils reposent sur une initiative ou des suggestions – parfois pressantes – des familles, recueillent au final le consentement des intéressés.

On voit aussi se développer des mariages qui consistent à duper les femmes. Cette imposture joue entièrement sur l'affectif : une femme, qui a des papiers en règle, croit au grand amour avec un homme ; mais l'homme, lui, a simulé le sentiment amoureux... Il l'a fait pour pouvoir se marier et obtenir les papiers qui vont avec ! Ses papiers en poche, il abandonnera la « mariée » et disparaîtra. Cette arnaque est communément appelée « mariage gris ».

Il est particulièrement difficile de comptabiliser les mariages forcés – touchant des jeunes filles et des femmes de nationalité française ou vivant sur le territoire français – enregistrés ces dernières années dans l'Hexagone ou à l'étranger. Tous les rapports portant sur le sujet déplorent un manque de données. Le HCI (Haut Conseil à l'intégration), dans son avis de 2003 portant sur les droits des femmes issues de l'immigration, a avancé une estimation : « Selon les chiffres convergents rassemblés par les associations que le HCI a auditionnées, plus de 70 000 adolescentes seraient concernées par des mariages forcés en France[4].» Ces chiffres, cités au conditionnel, donnent seulement un ordre de grandeur.

Mais c'est précisément parce que les mariages forcés sont si difficiles à déceler et à décompter qu'il faudrait mettre en place un arsenal performant : tous les acteurs susceptibles d'être confrontés avec ce «problème de société» devraient pouvoir disposer d'outils pour agir.

De nombreux mariages forcés étant scellés en dehors de notre territoire, notamment lors des vacances d'été, nos représentations diplomatiques dans les pays jugés «à risque» devraient se voir affecter un budget dédié au rapatriement immédiat des femmes victimes. Ce dont elles ne disposent pas jusqu'à maintenant. Si l'on n'a pas les moyens de faire en sorte que nos discours soient suivis d'effet, rien ne sert de les prononcer !

Quant aux associations, qui sont presque toujours les premières à recueillir les femmes qui quittent le domicile conjugal, ce sont elles aussi qui accueillent les victimes qui osent se libérer d'un mariage forcé : elles ont un besoin vital de disposer de plus de moyens d'hébergement.

Car ces jeunes filles ou jeunes femmes mariées de force constituent des cas spécifiques : elles dépendaient financièrement de leurs parents ou de leur mari, elles sont reniées par leur famille, elles sont jeunes, elles n'ont jamais été autonomes. Il faut donc les prendre en charge dans des lieux d'hébergement adaptés à leur situation et dans lesquels on les aidera progressivement à se

4. In *Rapport du Haut Conseil à l'intégration*, 2003.

prendre en charge. Les associations peuvent soutenir ce parcours de « responsabilisation »... si on leur en donne les moyens !

Encore une fois, on ne peut pas demander à une femme de prendre son destin en main en quittant la maison où elle subit des violences répétées si, au moins dans un premier temps, on n'a nul endroit à lui proposer !

La polygamie

La polygamie est la dernière forme de violence « coutumière » que je me dois d'évoquer. Elle est aussi la première contre laquelle j'ai dû me battre.

Avant d'être élue députée, j'avais une vision lointaine de la polygamie.

Il se trouve que, chaque année, l'Assemblée nationale organise le « Parlement des enfants ». Dans chaque circonscription, on choisit une classe parmi celles qui se sont portées volontaires pour participer à ce parlement. Cette classe élabore une proposition de loi et élit un délégué qui, le jour dit, ira s'asseoir dans l'hémicycle de l'Assemblée nationale à la place de son député. Il est de coutume que le député se rende dans la classe choisie.

C'était en 2004. Une classe de CM2 d'une école d'Émerainville, commune de ma circonscription, avait été sélectionnée : la proposition de loi de la classe avait pour objet d'inciter les mamans à s'intéresser au travail de leurs enfants à l'école. L'heure et demie que je passai dans cette classe, avec les enfants et leur enseignante, fut un moment fort pour moi, un moment décisif.

Avec leurs mots, ces élèves de 10-11 ans, presque tous d'origine étrangère, m'ont dit leur fierté d'être scolarisés et leur goût d'apprendre. Mais ils m'ont aussi fait comprendre leur désenchantement : ils étaient déçus par le peu d'intérêt que leur maman prêtait à ce qu'ils faisaient à l'école. Dans leurs regards intenses, j'ai perçu une vraie souffrance. L'écoute était forte... Je n'ai pas retrouvé, les années suivantes, cette atmosphère, cette attention : les élèves étaient plus dissipés ! Ils m'ont posé des questions plus légères : sur mon emploi du temps, sur ma rémunération, sur la différence entre un député de droite et de gauche, etc.

En 2004, la classe terminée, les élèves partis, l'institutrice m'a invitée à prendre un café avec l'ensemble des enseignants de l'établissement, démarche inhabituelle et qui ne s'est pas répétée les années suivantes. Les maîtresses voulaient me faire passer un message : « Les enfants que vous avez rencontrés appartiennent en majorité à des familles polygames. Les familles s'entassent parfois avec vingt enfants et trois femmes dans un appartement de trois ou quatre pièces. Les enfants jouent dans la rue. Ils viennent lorsque c'est leur tour. C'est un drame pour eux. Ils ont une image dégradée de leur mère. Ils sont les témoins des conflits, des jalousies et des tensions. »

J'ai reçu l'information comme un coup de poing dans le ventre. « Vous êtes députée, vous êtes une femme, vous ne pouvez tolérer cela, promettez-nous de faire quelque chose. »

J'en ai pris l'engagement. Il me lie pour toujours.

Elles avaient raison, ces enseignantes : les conséquences de la polygamie dans ma circonscription sont très sérieuses, et les enfants sont des victimes de premier plan.

Si l'on veut créer une société juste, c'est d'abord aux enfants qu'il faut transmettre une certaine idée de la justice. Que peut-on exiger d'enfants qui n'ont qu'à « attendre leur tour », dans la rue, dans les cages d'immeuble, dans divers squats de fortune. Une fois chez eux, ils voient leur mère obligée de subir la présence d'autres femmes, parfois violentée, toujours réduite à un quasi-esclavage.

Le problème posé par la polygamie est d'abord d'ordre juridique. Comment est-il possible qu'un homme polygame puisse, sans la moindre difficulté et en toute impunité, faire venir en France une « nouvelle femme » en prétendant qu'il s'agit de sa fille ou de sa cousine ? Et ce, au titre du regroupement familial ! L'explication est simple : beaucoup de « pays d'origine » n'ont pas d'état civil et il est facile, pour les « natifs », de tricher et d'avoir des faux papiers.

Comment éviter aux femmes victimes de la polygamie un futur que l'on ne pressent que trop bien ? Je ne suis pas favorable aux tests ADN, mais nous devons trouver un moyen de déterminer la véritable identité de toutes ces jeunes filles « achetées au pays »... grâce aux économies réunies à partir des prestations sociales versées par la France !

Un tel scénario pourrait sembler caricatural, un peu « tiré par les cheveux ». Hélas ! mon expérience de députée m'a confirmé qu'il correspond bien à la réalité et qu'il est tout à fait banal. J'ai découvert que, dans certaines villes de ma circonscription, des quartiers entiers sont largement polygames. J'ai reçu à ma permanence des femmes qui étaient dans une détresse que je n'avais qu'à peine soupçonnée. J'ai vu des femmes victimes de la polygamie arriver chez moi en pleurs.

Il existe des îlots de familles polygames à Paris *intra-muros* et dans l'ensemble de la couronne parisienne. Le calvaire des femmes est toujours le même. Le mari confisque l'argent et les papiers. Chez elles, elles sont obligées de vivre avec plusieurs femmes en espérant que leurs enfants, au milieu des autres, ne seront pas négligés. Hors de chez elles, elles sont hors la loi. Elles refusent leur situation, il frappe !

Selon le ministère de l'Intérieur, bien que la loi interdise la polygamie, on compterait entre 10 000 et 20 000 familles polygames. Certes, il s'agit d'un faible pourcentage par rapport à l'ensemble des familles. Il n'en demeure pas moins que cette situation est insupportable. Et, j'ose l'admettre, c'est notre pays lui-même qui en est en partie responsable !

Procédons à un bref rappel historique. Un arrêt du Conseil d'État du 11 juillet 1980, l'arrêt Montcho, avait tout d'abord admis implicitement le droit au regroupement familial pour une famille polygame. Puis, le 24 août 1993, Édouard Balladur avait fait voter un texte l'interdisant. Mais un certain nombre de circulaires ont suivi, très tolérantes, trop tolérantes. En avril 2000 et juin 2001, le gouvernement Jospin a décidé d'accorder des cartes de séjour aux familles polygames arrivées en France avant 1993, à condition qu'elles «décohabitent»! Comment a-t-il pu croire que les familles allaient se plier à un texte qui a très vite été interprété comme une simple recommandation? Vous avez dit «naïveté»?

Voyant les ravages de la polygamie sur le terrain, je ne suis pas restée sans réagir. Je me suis emparée du dossier et je me suis mise au travail: j'ai rédigé une proposition de loi. Plus de 130 collèges l'ont cosignée. Je me suis battue pour qu'elle soit mise à l'ordre du jour, en séance publique, de l'Assemblée nationale. Pour les gouvernements successifs – ceux de Jean-Pierre Raffarin, puis de Dominique de Villepin – qui maîtrisaient cet ordre du jour, ce n'était pas le bon moment, toujours pas le bon moment! Tantôt, la réponse était: «Plus tard, plus tard, on en reparle.» Tantôt, on m'opposait un drôle d'argument: la polygamie est illégale, donc elle n'existe pas. En réalité, après l'affaire du voile, on craignait d'émettre un signal anti-islamique. À partir de là, j'ai compris que ce ne serait «jamais» le bon moment. Mais, je n'ai pas baissé pavillon et, plus déterminée que «jamais», j'ai poursuivi mes efforts.

Sur le terrain, j'entretiens les meilleurs rapports avec beaucoup d'associations de musulmans. Des musulmans désireux de pratiquer leur religion dans la dignité et dans le respect des valeurs et des lois de la République : ils ont parfaitement compris mon texte. Ils m'invitent régulièrement à leurs fêtes religieuses et je me bats pour qu'ils disposent de lieux de culte légaux et dignes.

Je me suis opposée à l'implantation sauvage d'une mosquée à Champs-sur-Marne : je l'ai fait avec détermination, avec la même détermination que celle dont j'avais usé pour soutenir la construction d'une mosquée en conformité avec la loi. Mon attitude est constante et cohérente : j'ai toujours apporté, également, mon appui aux communautés juives ou bouddhistes pour qu'elles disposent de lieux de culte adaptés.

J'ai fait valoir ces arguments, mais je ne suis pas parvenue à convaincre le gouvernement : le temps a passé, pas mon texte. Près de deux ans se sont écoulés. À cette époque, nous ne pouvions pas nous appuyer sur la disposition de la révision constitutionnelle de 2008 qui donne désormais une faculté d'initiative au Parlement : un texte déposé par un député avait alors très peu de chances d'être discuté dans l'hémicycle. Il fallait l'accord et l'appui du gouvernement pour que mon texte puisse venir en débat. Je voyais que je n'allais pas y arriver. J'ai opté pour un changement d'approche : j'utiliserai donc une autre procédure !

Début 2006, un projet de loi relatif à l'immigration et à l'intégration, qui sera défendu au Parlement par le ministre de l'Intérieur Nicolas Sarkozy, est entériné en Conseil des ministres. Nous sommes une vingtaine de parlementaires UMP à nous réunir pour discuter du texte. Des réunions préparatoires à la discussion à l'Assemblée ont lieu au ministère, place Beauvau. Rachida Dati, alors conseiller technique au cabinet de Nicolas Sarkozy, suit techniquement le texte. Elle me reçoit dans son bureau, élégante, courtoise, attentive. Je l'entretiens des dispositions de mon texte concernant la lutte contre la polygamie : « J'aimerais, lui dis-je, les introduire dans le projet sous forme d'amendements. » Elle partage mon analyse mais reste prudente.

Quelques jours plus tard, une réunion de synthèse sur les amendements est présidée par le ministre Nicolas Sarkozy, entouré de ses collaborateurs, notamment de Claude Guéant, qui deviendra secrétaire général de la présidence de la République en 2007. Les propositions d'amendements sont diverses. En fin de réunion, je prends la parole pour défendre mes mesures telles que la mise sous tutelle des allocations familiales pour les familles vivant en « état de polygamie ». Moqueries d'un certain nombre de mes collègues hommes... Mais, soudain, Nicolas Sarkozy y met fin et prend la parole : « Chantal a raison, nous prendrons ses amendements, je les soutiendrai. La polygamie est une réalité, il ne faut pas la nier, il faut la combattre. »

Les amendements ont été votés le 28 avril 2006 au petit matin, dans l'hémicycle. Et, ô surprise ! les députés de gauche, craignant d'être en retrait, ont demandé un scrutin public – scrutin dans lequel les votes sont nominatifs – pour bien acter qu'ils votaient eux aussi pour mes amendements.

Ils ont donc été votés à l'unanimité. Bien sûr, je n'ai pas réglé le problème de la polygamie. Je pense néanmoins avoir marqué un point dans ce combat.

Les dispositions adoptées ne sont pas appliquées aussi souvent et aussi rigoureusement que je le souhaiterais. Mon engagement, lui, reste intact. J'ai toujours été et je reste convaincue d'une chose : on ne doit pas transiger avec nos valeurs républicaines, elles ne doivent souffrir d'aucune exception. Donc, pas d'horaires de piscine réservés aux femmes, pas de dispense de cours de gymnastique pour les filles, pas de traitement médical distinctif entre hommes et femmes. Je m'étonne, par exemple, que Martine Aubry, qui vise pourtant de hautes destinées, ait accepté que des horaires de piscine réservés aux femmes soient mis en place à Lille...

La laïcité fait partie nos valeurs républicaines fondamentales. Aujourd'hui, il ne s'agit plus, comme il y a un siècle, d'une laïcité agressive consistant à « bouffer du curé ». Il est simplement question de permettre à chaque homme et à chaque femme qui désire pratiquer une religion de pouvoir le faire dans la dignité et selon ses souhaits, à une seule et unique condition : que ce droit soit exercé dans le respect de nos lois et de nos valeurs. Est-ce toujours le cas ? Non, évidemment.

Il est temps de passer à une nouvelle étape de lutte, très ferme, contre la polygamie.

Parce que la polygamie est clairement une mise en scène de la supériorité du mâle : il montre de manière ostentatoire qu'il peut « posséder » plusieurs femmes comme on possède plusieurs objets.

Parce que la polygamie conduit la femme à des situations de quasi-esclavage.

Parce que la polygamie détruit les enfants et mine leur avenir. Ils voient vivre leur mère en état permanent d'humiliation et de déconsidération. Ils vivent eux-mêmes dans des conditions de promiscuité qui freinent leur épanouissement, qui pénalisent leur parcours scolaire. Pour eux, le désastre annoncé se produit toujours : déclassement, errance dans la rue, perdition dans les bandes, rejet de la société française qui ne les comprend pas et les accepte mal, délinquance, trafics, etc.

Seule l'application sans exception ni temporisation des mesures adéquates permettra de lutter sans faiblesse contre la polygamie.

Il faut, d'abord, qu'une intensification des enquêtes des services sociaux et des services de police conduise à la mise sous tutelle des allocations familiales et des allocations de mère isolée, afin de permettre la « décohabitation » de la femme et de ses enfants. Car l'homme polygame tire un véritable salaire de l'addition des prestations sociales. C'est lui qui répartit les dépenses et distribue les sommes ou qui, souvent, se les accapare pour son usage personnel. Il est inadmissible qu'en réunissant plusieurs femmes autour de lui cet homme en fasse sa source de revenus. Il est inacceptable que le polygame, en contournant la réglementation en vigueur, récupère pour lui le versement de l'allocation « femme seule avec enfants ».

Ensuite, il faut faire appliquer l'interdiction formelle de procéder à un mariage religieux qui ne soit précédé d'un mariage civil. Cette règle résulte du code pénal : les religions catholiques, juives, protestantes l'appliquent. Les polygames musulmans, eux, se marient civilement une seule fois... avant de se marier religieusement autant de fois qu'ils le désirent ! L'article 433-21 du code pénal précise : « Tout ministre d'un culte, qui procède de manière habituelle aux cérémonies religieuses de mariage sans que lui ait été justifié l'acte de mariage préalablement reçu par les officiers de l'état civil, sera puni de six mois d'emprisonnement et de 7 500 euros d'amende. » Il suffirait de retirer l'expression « de manière habituelle » et, ensuite, de veiller scrupuleusement à l'application de ce texte (d'une disposition qui peut aussi servir à lutter contre les mariages forcés !).

Car il n'y a pas, chez ces imams qui célèbrent des mariages polygames, de conditions « habituelles ». En retour : pas de compromis, pas de complaisance ! Une nouvelle fois, il n'est nullement question de sortir de notre imagination des propositions compliquées, mais il s'agit seulement de faire appliquer un dispositif légal qui existe déjà. Cette application devrait englober une participation active de la CNAF (Caisse nationale d'allocations familiales) et des offices HLM. Il est grand temps, par exemple, que les sociétés HLM arrêtent de faciliter la polygamie en procurant des logements « sur le même pallier » au « chef » et à ses différentes épouses. .

Pour la polygamie, comme pour toutes les violences coutumières, la question des papiers est récurrente et incontournable. Elle renvoie globalement au statut des immigrés, sujet délicat s'il en est. Elle touche à la situation douloureuse des femmes immigrées et victimes : attention, fragiles !

On pourrait parler de « course aux papiers ». L'homme polygame s'y adonne sans retenue, car nécessité fait loi : avec des faux papiers des pays d'origine, on l'a vu, il peut faire venir une nouvelle femme en France, l'épouser de force et obtenir pour elle de « vrais papiers ». Cette femme et ses papiers tout neufs génèrent de nouvelles allocations qui permettent au polygame d'augmenter ses revenus. Au total, on ne peut que constater des fraudes en série, en cascade.

Ces papiers, une fois obtenus, participent au calvaire des femmes victimes de violences. Mêmes si leurs hommes, polygames ou non, les leur ont confisqués, elles se sentent protégées par l'existence même de ces papiers. Du coup, elles sont comme « enchaînées » : elles n'osent pas partir, elles craignent que ce qui les attend hors du domicile conjugal – sans papiers ! – ne soit pire que ce qu'elles vivent à l'intérieur.

Comment sortir de ces pièges ? Je suis favorable à un « renouvellement de droit » du titre de séjour des femmes qui sont entrées en France sous le régime du regroupement familial et qui ont cessé la cohabitation à cause des violences qu'elles ont subies au sein de leur couple.

Pour éviter toute dérive, il va de soi qu'une telle procédure doit faire l'objet d'un examen scrupuleux au cas par cas.

La mauvaise excuse du relativisme culturel

Je tiens à revenir sur un comportement, largement répandu, que j'ai condamné tout au long de ce chapitre et contre lequel j'ai dû me battre à chaque fois que j'ai eu à traiter des cas de femmes victimes de violences « coutumières ».

Le terme même me fait horreur ! Comme si l'on avait le droit de commettre les pires sévices au nom d'une coutume ! Ce comportement est qualifié, bien à tort selon moi, de « relativisme culturel » : cette expression est utilisée pour excuser la pratique de ces violences au nom de leur caractère prétendument « culturel ».

Autrement dit, on nous invite à « relativiser » la violence en la réduisant à une simple tradition : certes elle peut faire mal, mais son sens nous échappe puisqu'elle ne participe pas de notre culture mais d'un système de valeurs différent. Autrement dit, encore : vous êtes incapables de comprendre ! Donc, circulez, il n'y a rien à voir !

Une telle approche des violences faites aux femmes débouche sur une démission de fait et conduit à une seule attitude : le laisser-faire. Ce qui est la négation de toute justice, de toute garantie des libertés individuelles.

Une telle attitude fera peut-être passer ses adeptes pour des personnes « tolérantes » le temps d'un dîner. Mais elle contribuera surtout à saper la culture et les valeurs républicaines conquises, établies et confortées au fil des siècles à travers de fervents combats. Je ne pense pas seulement aux droits de l'homme. Je pense aussi aux nombreuses modifications de notre code civil qui l'ont fait évoluer dans un sens plus égalitaire. Je pense aux procès qui ont su faire jurisprudence, tels ceux de l'excision dans les années 1980. Je pense aux revendications que l'on a su écouter et qui ont permis des avancées, telles celles qui ont donné un statut plus libre à la femme dans les années 1960.

Je ne prétends pas que notre pays soit un exemple. Je suis simplement d'accord avec Claude Lévi-Strauss, pourtant l'un des plus fervents défenseurs du « relativisme culturel », quand il parle de la pérennité des cultures : « [Pour qu'elles] persistent dans leur diversité, il faut qu'il existe entre elles une certaine imperméabilité[5]. »

Ne nous laissons pas embobiner, le « relativisme culturel » ne peut pas nous être présenté comme étant

5. *In* Claude Lévi-Strauss, *Le Regard éloigné*, Plon, 1983.

« l'excuse de l'ailleurs ». Sur le sol français, l'exercice de telles violences, des mutilations aux viols, ne fait l'objet d'aucune justification possible. Affirmer que l'homme est libre, ce n'est pas proposer l'abîme du « n'importe quoi » ; c'est plutôt affirmer des normes qui sont autant de choix, et dans le sillage desquelles la liberté se déploie.

La théorie du laisser-faire, appuyée sur l'argutie du « relativisme culturel », est une insulte faite à toutes ces femmes qui ont eu le courage, un jour, de sortir d'un silence contraint. Une insulte faite à toutes celles qui ont choisi de se battre, même réduites à la clandestinité, même répudiées. Une insulte faite à celles qui ont sacrifié leur culture d'origine qui, malgré tout, leur avait donné un système de références.

Qu'on ne se méprenne pas : pour moi, l'interaction des cultures, les apports en provenance d'autres cultures, le fait d'admettre les différences, constituent une somme d'enrichissements. Mais il existe, dans notre culture et dans nos valeurs républicaines, des socles essentiels qui ne peuvent être entamés : l'égalité hommes/femmes, la dignité de tout être humain ne peuvent pas et ne doivent pas être relativisées.

Car ces valeurs constituent les fondements mêmes de la civilisation occidentale à l'aube du XXIe siècle. Ce qui n'a pas toujours été le cas de notre civilisation pendant les siècles précédents, je le reconnais volontiers. Raison de plus pour ne plus tolérer la moindre faille !

À trop vouloir relativiser, on nivelle les différences et on absout les pires exactions. Mesdames et messieurs les relativistes, un peu de courage !

Un apartheid sexuel

Un certain nombre de pratiques dénoncées dans ce chapitre créent un véritable « apartheid sexuel ». Comme dans l'apartheid racial, il y a bien un fort et un faible : l'homme dominant et la femme écrasée, victime d'interdictions, de cloisonnements (horaires de piscine, cours de gymnastique, médecins, etc.), de choix que l'on fait à sa place (mariage, polygamie), de mutilations (excision), de défiance (burqa).

Non, vraiment, cet apartheid (ni aucun autre) n'a sa place sur notre territoire, il ne peut en avoir.

4

Violences du XXIe siècle

Il faisait tellement noir à midi que l'on voyait les étoiles.

Pablo PICASSO

Un soir, installée devant mon ordinateur, je surfe sur Internet : à partir des indications que m'a données une amie journaliste, Laurence Beneux[1], je tape sur un grand moteur de recherche international le nom d'un petit rongeur, animal de compagnie prisé par les enfants, précédé d'un « X ». Des dizaines de sites me sont proposés qui doivent tout me dire sur les soins à apporter à ce petit rongeur, sur ses caractéristiques, etc. : des pages que ma fille aurait pu consulter avec passion ! Sur la première page, comme prévu, je clique sur le site dont le nom – celui du rongeur – est précédé d'un « X ». Je l'ouvre et je suis aussitôt assaillie par des dizaines d'images pornographiques !

Chaque image correspond à une vidéo. Il suffit de cliquer dessus pour voir le film : un film porno ! Aucun avertissement n'a précédé l'ouverture du site : aucun « Site réservé aux adultes », aucun « Entrez si vous êtes majeur, quittez si vous êtes mineur », rien de ces pauvres

1. Laurence Beneux a réalisé l'enquête qui a nourri l'ensemble de ce chapitre.

protections censées éviter que des enfants se retrouvent confrontés à des images traumatisantes.

Oui, traumatisantes. D'après le rapport sur l'environnement médiatique des jeunes, commandé au CIEF (Collectif interassociatif enfance et média), la confrontation avec des images pornographiques peut représenter un choc violent dont les conséquences rejoignent celles d'un abus sexuel. Conséquemment et logiquement, à l'occasion du réexamen de la directive européenne Télévision sans Frontières, le même CIEF a préconisé un « encouragement des systèmes de verrouillage pour les programmes pornographiques dans les pays où ils ne sont pas interdits, sans diminuer le contrôle parental par les moyens traditionnels, c'est-à-dire par les restrictions horaires dont l'efficacité est démontrée » et des moyens accrus contre « les contenus illicites incitant à la haine ».

Une seule éducation sexuelle : la pornographie

En 2005, à l'issue du troisième Congrès international francophone sur l'agression sexuelle, le psychiatre Patrick Blachère et le psychologue Alain Merguy ont publié une communication scientifique dans laquelle ils ont mis en lumière la place importante qu'occupe désormais la pornographie dans le développement sexuel de la jeunesse. Certes, les jeunes reçoivent à l'école une éducation sexuelle d'ordre « technique » (contraception, sida), mais, pour l'ensemble des 180 sujets de moins 25 ans que Blachère et Merguy ont interrogés, le film pornographique a été «la seule représentation de la sexualité humaine qui leur a été proposée avant la découverte d'une sexualité personnelle»!

Pour les auteurs de cette communication, le film pornographique, utilisé comme «vecteur de découverte de la sexualité, pose problème dans la mesure où il n'est qu'une métaphore de la réalité de l'acte» qui met en scène «une sexualité marquée par la perversité de l'acte (acte imposé dans un contexte d'humiliation, déni d'altérité...)». Ce qui les amène à s'interroger: cette éducation sexuelle basée sur la pornographie ne risque-t-elle pas de jouer un rôle dans la genèse des crimes sexuels? Ils reconnaissent ne pas pouvoir repondre à cette question dans les conditions et les limites de leur étude. Mais ils insistent sur le caractère dangereux d'une projection de films pornographiques en groupe: dans le cadre de cette recherche, ils font état de trois cas de viols collectifs perpétrés par des adolescents de 13 à 16 ans, à l'occasion de séances de visionnage de films pornographiques; les victimes, exclusivement des filles, participaient à ces séances.

Cet apprentissage sexuel des jeunes d'aujourd'hui, basé sur la pornographie en guise d'«outil pédagogique», préoccupe aussi une ministre de la République, Fadela Amara, secrétaire d'État chargée de la Politique de la ville: «Partout dans les cités, remarque-t-elle, la première approche qu'ils ont de la sexualité, la seule éducation qu'ils reçoivent, c'est par le biais des films pornos. C'est une réalité. [...] Or tout le monde sait que, dans les films pornos, la femme n'a pas un rôle très valorisant. Ils n'apprennent que de cette façon. C'est pour cela que la question des viols collectifs s'est posée. Quand un gamin de 10, 11 ou 12 ans voit ces films, et quand il est auteur de ce crime atroce qu'est le viol collectif, il ne comprend pas lorsqu'on lui dit : "C'est grave ce que tu as fait." Il répond : "Fadela, on ne comprend pas pourquoi tu dis ça, parce que, oui, on a participé, oui, on a fait ça, mais..." Je lui dis : "Mais elle disait non ?" Et lui de rétorquer : "Oui, elle disait non, mais tu connais, Fadela... elle disait non, mais en fait elle disait oui !" Ils ne comprennent pas. Donc, tu as affaire à des gamins qui ne comprennent pas l'horreur de leur acte, parce que, comme ils l'ont vu à la télé, ils pensent que ça se passe comme ça en vrai[2]. »

Ces paroles de Fadela Amara m'ont rappelé une affaire qui a eu lieu dans une commune de ma circonscription. Un article du journal *La Marne* l'a racontée sous le titre : « Fier d'avoir "tenté" un viol[3]. »

Un jour, en gare d'Émerainville, un jeune homme nommé Ibrahim Diarra avait agressé sexuellement une jeune femme qui attendait là son petit ami. Il lui

2. Entretien avec Fadela Amara, réalisé le 14 octobre 2009 (voir Annexe 1, page 223).

3. In *La Marne* n° 3332, 28 octobre 2009.

avait asséné quatre coups de poing avant de la forcer à lui faire une fellation. Par chance, le petit ami de cette jeune femme était arrivé et avait «réglé son compte» à l'agresseur avant d'appeler la police. Lors de son procès, Ibrahim Diarra a figé d'effroi les magistrats en affirmant: «Je suis très fier de ce que j'ai fait.» Sommé de s'expliquer, le jeune homme a tranquillement proclamé: «Moi, je pense que c'est normal de prendre une jeune femme par les cheveux et de lui dire: "Suce-moi!" Tout le monde fait ça tous les jours.» Il a ajouté: «Des fois, je frappe les prostituées après le rapport! [...] Et puis, elle faisait un peu pute!» L'affaire m'avait stupéfiée.

De telles déclarations peuvent reposer sur deux hypothèses d'explication (qui ne sauraient pour autant constituer des justifications!): soit ce jeune homme reproduit purement et simplement la conception des femmes qui prévaut dans les films pornographiques, soit il a réellement été confronté à ce genre de rapports hommes/femmes inspirés par la même source. Cela prouve que certains contenus visuels répandus par Internet provoquent chez de jeunes esprits une distorsion profonde des relations hommes/femmes. Il faut absolument endiguer le flux de ces images.

Fadela Amara préconise de renforcer l'éducation sexuelle en milieu scolaire en ne la limitant plus aux questions de contraception et de prévention du sida, mais en l'étendant aux notions de respect du partenaire, de désir et de plaisir réciproques: «Ce discours doit être entendu [par les jeunes], souligne-t-elle. Je veux dire qu'ils doivent comprendre que la femme peut être auteure, mais aussi demandeuse de plaisir, ce qui n'est pas le cas dans leur tête aujourd'hui. Parce qu'ils sont dans la consommation pour la consommation. »

Internet incontrôlé

Retour sur Internet. N'étant pas tellement disposée à visiter moi-même les bas-fonds de la « Toile », j'ai demandé à Laurence Beneux d'explorer cet univers particulièrement glauque. Ce qu'elle m'a raconté dépasse de loin ce que j'aurais pu imaginer.

Elle a, par exemple, cliqué sur des images qui l'invitaient à « visionner un dépucelage ». Elle a ainsi découvert un film dans lequel on peut d'abord voir une très jeune fille se faire « dépuceler » à l'aide d'une aiguille, puis être sodomisée, enfin être contrainte à faire une fellation. Une très jeune fille qui pleure, qui crie, qui vomit !

Laurence s'est aussi vue proposer des vidéos par centaines qui affirment qu'il est normal de prêter sa femme à ses amis « parce qu'elles aiment ça », parce qu'elles aiment être violentées, avoir des objets variés dans le vagin, l'anus. Et des vidéos dans lesquelles les « mamans » abusent de leurs fils...

Et d'autres vidéos qui expliquent que le consentement des femmes n'a pas à être demandé, que c'est un plaisir de leur faire mal, de les humilier, de les « forcer », et qui montrent comment faire. Très clairement, ce type de site est nourri en images non seulement par des «professionnels», mais aussi par ses propres clients qui ont pris la précaution de quadriller leur visage ou de rester hors champ.

Une vidéo, que Laurence m'a racontée, m'a particulièrement interpellée, à cause de sa perversité.

À l'image : une jeune fille. Très jeune. On lui demande d'affirmer qu'elle a 18 ans. Elle le dit. Si elle le dit... On lui propose d'accepter une sodomie. Elle refuse, arguant qu'elle ne l'a jamais fait et qu'elle pense que ça va lui faire mal. Réponse : «Oui, ça va te faire mal, c'est normal, c'est pas fait pour te faire du bien. Je te donne 200 euros pour te filmer si tu te laisses faire par mon "partenaire".» La jeune fille, visiblement gênée, ricane et refuse.

Suit tout un discours de persuasion qui se conclut par un accord financier : finalement, elle accepte pour 650 euros. Au départ, la jeune fille ne s'était pas affichée comme étant une prostituée et elle n'avait pas été présentée comme telle. Pourtant, devant une caméra, en une séquence, elle s'est laissée convaincre de faire un premier pas dans la prostitution...

Puis, la scène «négociée» commence. L'homme qui filme demande sans arrêt : «T'as mal ?» «Oui», répond la jeune fille. La scène n'est pas arrêtée pour autant : «C'est normal, c'est pas fait pour te faire du bien !» lui est-il répondu invariablement.

Avec Internet, la pornographie est sortie d'endroits strictement privés et réservés aux adultes pour entrer dans toutes les maisons sans qu'aucun réel contrôle soit possible. Cela s'est produit de façon massive, entraînant rapidement une banalisation des contenus pornographiques. Mais rien n'est fait pour essayer d'endiguer le flot, alors que c'est... illégal en France !

L'article 227-22 de notre code pénal l'indique sans aucune ambiguïté : « Le fait de favoriser ou de tenter de favoriser la corruption d'un mineur est puni de cinq ans d'emprisonnement et de 75 000 euros d'amende. Ces peines sont portées à sept ans d'emprisonnement et 100 000 euros d'amende lorsque le mineur est âgé de moins de 15 ans ou lorsque le mineur a été mis en contact avec l'auteur des faits grâce à l'utilisation, pour la diffusion de messages à destination d'un public non déterminé, d'un réseau de télécommunications, ou que les faits sont commis à l'intérieur d'un établissement scolaire ou éducatif, ou à l'occasion des entrées ou des sorties des élèves, aux abords d'un tel établissement. Les mêmes peines sont notamment applicables au fait, commis par un majeur, d'organiser des réunions comportant des exhibitions ou des relations sexuelles auxquelles un mineur assiste ou participe. »

Par ailleurs, la pornographie est encadrée de façon stricte à la télévision : la jurisprudence de la Cour de cassation et un cahier des charges – respecté par la plupart des chaînes de télévision – imposent que les films pornographiques ne soient diffusés qu'après minuit. De plus, ils doivent être exempts de scènes de violence, d'actes agressifs, de sadomasochisme, de scènes de soumission, pédophilie, inceste, zoophilie et incitation au viol.

Mais *quid* d'Internet ? En libre accès sur Internet, circulent des images encourageant une vision de la femme dégradée et dégradante : la violence y est encouragée, montrée, justifiée. Ces milliers d'images sont autant d'appels à la haine et au crime. Comment appeler autrement ce prosélytisme délibéré de l'agression sexuelle, du viol et de la torture ?

Deux exemples parmi d'autres. Ce site où « des mamans sont torturées et souillées tels des objets sexuels », où elles subissent « l'humiliation totale » : elles sont « attachées » et « dominées, tous les orifices abusés avec perversion ». Et ce site où l'on peut recenser : « maman se fait défoncer le cul », « des salopes beurettes de cité », des « pipes forcées », des « vidéos volées de webcam », « ma sœur sodomisée de force ». Ce genre d'incitation n'est pas sans conséquences : dans leur communication, citée précédemment, Patrick Blachère et Alain Merguy évoquent le cas d'un jeune garçon de 12 ans qui a violé sa petite sœur de 7 ans ! Ledit adolescent avait été exposé régulièrement à la pornographie par sa grand-mère qui, quand elle le gardait, pour l'occuper, lui faisait visionner des films *hard*...

Autre cas de figure : un site dit « mixte ». C'est-à-dire un site qui n'est pas dédié exclusivement à la pornographie. Ce site-là promet des vidéos « choc » : un plongeon raté du haut d'une falaise, un accident, des « photos insolites et humoristiques », une femme culturiste, etc. Tout cela pour attirer le chaland, pour exciter la curiosité des jeunes internautes et des moins jeunes. Seulement voilà ! Les deux tiers de ces vidéos, annoncées « choc » et *« fun »*, sont en fait des films pornographiques et les visiteurs sont appelés à enrichir le genre !

C'est ainsi qu'un visiteur amateur de « photos insolites et humoristiques » ou de zappings d'émissions de télévision se retrouve à regarder toute une série de films assez particuliers. Deux exemples parmi d'autres : un « gros idiot » qui « se branle dans le bus et gicle sur la tête d'un pote de classe » ; un « chanceux » qui « baise deux copines bien salopes du lycée ». Le tout, à côté de potins insipides sur Mariah Carey ou Madonna.

Certaines vidéos sont d'une violence inouïe et une kyrielle de liens permet de surfer sur d'autres sites qui le sont plus encore : autant d'images insoutenables où des femmes souffrent, pleurent et sont l'objet de brutalités extrêmes ! Laurence a même eu la stupéfaction de tomber sur des images – en libre accès ! – de rapports sexuels entre une femme et un chien ! Mal remise de ses émotions, elle est retournée sur le site mixte proposant des images « choc » : brusquement, elle a eu sous les yeux l'image d'une femme faisant une fellation à un cheval !

Faut-il rappeler que la zoophilie est interdite par la loi du 9 mars 2004 ? Ce texte, venu compléter l'article 521-1 du code pénal, a pour objet de protéger... les animaux ! Extrait de l'article en question : « Le fait, publiquement ou non, d'exercer des sévices graves ou de nature sexuelle ou de commettre un acte de cruauté envers un animal domestique, ou apprivoisé, ou tenu en captivité, est puni de deux ans d'emprisonnement et de 30 000 euros d'amende. En cas de condamnation du propriétaire de l'animal ou si le propriétaire est inconnu, le tribunal statue sur le sort de l'animal, qu'il ait été ou non placé au cours de la procédure judiciaire. [...] »

Il serait peut-être temps de combler pareille lacune dans le traitement pénal des dérives de la pornographie en inscrivant dans le code pénal un article qui condamnerait également la zoophilie au titre de la protection... des êtres humains !

Quant aux autres films montrant des femmes subissant des violences extrêmes, est-il vraiment nécessaire de se demander si l'on est en présence de crimes avérés comme le viol ou la torture ? Car ce sont bien des crimes ! Et les films en question, séquence après séquence, constituent eux-mêmes une multitude de preuves de ces crimes. Déclenchent-ils pour autant des ouvertures d'information judiciaire ? Hélas, non !

Cette situation est stigmatisée par Frédéric Joignot dans *Gang bang* (Seuil). Dans ce livre, témoignages à l'appui, le journaliste dénonce ces tournages de films X au cours desquels les « actrices » sont victimes des plus grandes maltraitances. Non, une femme ne veut pas qu'on lui enfonce une batte de base-ball dans le vagin et dans l'anus ! Oui, le risque pour sa santé, voire pour sa vie, est majeur ! Oui, elle souffre ! Et, non, une fois qu'elle est coincée par plusieurs hommes ou attachée, elle ne peut pas se libérer !

Celles qui attestent de ces actes ne sont ni bégueules ni coincées : elles sont actrices de « pornos » ! Frédéric

Joignot, de son côté, ne peut pas être soupçonné de nourrir une hostilité « réactionnaire » et moralisante contre la pornographie... Elles et lui ne remettent pas en question le principe de l'industrie du X. Ils n'en pointent pas moins du doigt des dérives criminelles.

En France, à l'exception des cheveux dont le commerce est permis, toute marchandisation du corps humain est interdite par la loi. Et des comités d'éthique, qui élaborent des réflexions sophistiquées, se penchent en permanence sur le sujet. Pourtant, il faut constater que ni la loi ni les comités n'ont encore jugé nécessaire d'interdire la marchandisation du sexe et du corps des femmes !

Par et pour Internet, la violence contre les femmes a encore monté d'un cran : sur ce média, on peut désormais voir en permanence des femmes qui, de toute évidence – c'est moi qui souligne – se font torturer et violer sans que cela suscite de réactions institutionnelles ! Oui, violées ! Car le viol commence où s'arrête le consentement.

Certains sites jouent ostensiblement sur l'attirance qu'éprouvent d'aucuns pour les jeunes filles. Pour les très jeunes filles. Un bandeau publicitaire reprenant le nom et le logo du célèbre réseau de « relations sociales », Facebook, propose l'accès à *« Facebook of sex »*. Tous les « modèles » exposées en « vitrine » sont extrêmement jeunes : la plupart d'entre elles ont plus l'air d'avoir 14 ou 15 ans que 18. Je doute fortement que ces *« teen »* (elles sont ainsi appelées en faisant référence de manière ambiguë au mot anglais *« teenager »* qui désigne la tranche d'âge allant de 13 à 19 ans, c'est-à-dire les chiffres se terminant par *« teen »* dans cette langue) soient majeures !

Parmi toutes les photos d'ouverture de *« Facebook of sex »*, une très jeune fille : elle pleure et se débat. Au cas où le message ne serait pas assez clair, un gros nounours en peluche, évoquant l'enfance, décore la page. Deux services sont proposés : d'une part, un service de *chat* (conversation en direct) et de shows réalisé en direct grâce à des webcams, et, d'autre part, un service de photos volées. Les gestionnaires du site prétendent en effet être des *hackers* capables de pirater des albums de photos privés : ils proposent la plus grande collection de « salopes adolescentes » (*« teen sluts »* en anglais). Pour appâter le client, ils font défiler des dizaines d'images de très jeunes filles dans des poses aguicheuses ou nues, ou... avec une bouteille d'alcool enfoncée dans les fesses, ou menottées, ou ligotées avec une corde (ces dernières images dans une rubrique qui s'appelle « vengeance ») !

Des responsables de Facebook nous ont assuré que ces sites ont copié leur logo et leur design pour tromper les gens, mais qu'en aucun cas ils n'ont un lien avec eux. Le nom Facebook est évidemment déposé, mais contrôler son utilisation serait impossible : Internet est trop vaste ! Il n'empêche que les pages pour amateurs de sexe fleurissent sur ce réseau social : « Sexe », « Sexe, sexe, sexe again », *« I love sex »*. Ce, aussi bien sur les pages françaises que sur les pages américaines. On y trouve des propositions diverses : des « shows », des photos, des « films vraiment *hard* », du « sexe à côté de chez vous », des rendez-vous à prendre par messageries privées, etc.

En 2007, Facebook a été assigné à comparaître par le procureur général du New Jersey, Anne Milgram, pour avoir laissé des criminels sexuels fichés ouvrir et gérer une page sur le réseau. « C'est une question de sécurité publique, et plus spécifiquement une question de sécurité des enfants, a déclaré la magistrate. Les sites des réseaux sociaux ne doivent pas être un terrain de jeux pour les prédateurs sexuels. » Un mois plus tôt, une liste de criminels sexuels fichés avait été envoyée à Facebook qui affirmait avoir déjà identifié et fermé un certain nombre de pages. Mais Anne Milgram ne s'était pas contentée de cette assertion : elle exigeait des informations plus précises sur les mesures qui avaient été prises.

Auparavant, le réseau Facebook avait déjà eu des soucis avec la justice américaine : il lui avait été reproché d'avoir donné une information erronée, en soutenant qu'il assurait un environnement sans danger pour les mineurs. Le réseau social avait répondu en s'engageant à travailler avec les procureurs généraux et à faire la démonstration de l'efficacité de ses efforts de protection.

Avant Facebook, MySpace avait dû répondre à des poursuites du même ordre · de trop nombreux criminels sexuels avaient été repérés, utilisant cet autre réseau. 268 profils de « fichés » notoires pour le seul État du New Jersey !

Manifestement, sur Internet, on méprise la loi, on s'assoit dessus avec arrogance. On ose tout proposer sans crainte ! Pourquoi les sites qui agissent ainsi s'en priveraient-ils, puisqu'ils peuvent pratiquement le faire en toute impunité ? Puisque rien ne les empêche de perdurer !

Précisons le danger : pour mener l'écœurante exploration de la pornographie sur Internet qui vient d'être évoquée, Laurence Beneux s'est contentée de se rendre sur des sites accessibles et ouverts à tous, sur des sites sans obstacle ni octroi. Jamais elle n'a eu à utiliser de carte de crédit ou de paiement. Jamais elle n'a eu à s'abonner aux sites en donnant une adresse e-mail. Jamais elle n'a eu besoin de télécharger les films. Tout ce qu'elle m'a décrit était et demeure donc visible directement. Elle n'a rencontré, mais assez rarement, qu'une seule forme de précaution : tel ou tel site propose à l'internaute de ne pas entrer s'il est mineur. Pure précaution oratoire et sans effet dissuasif réel : le site « propose », mais l'internaute dispose ! Même s'il est mineur...

Autre danger : la « déprofessionnalisation » du genre. Le commerce de la pornographie recrute désormais des bénévoles : les « amateurs ». De nombreux sites incitent leurs clients à alimenter eux-mêmes le site. Ces sites ont trouvé là un double filon : ils peuvent à la fois faire grossir sans frais leur catalogue de films et renouveler sans cesse le panel des images qu'ils mettent en ligne.

C'est le contenu de ces films d'amateurs qui représente un réel danger. Car ces productions, loin d'être plus *soft* que les pornos professionnels, suivent la pente de l'époque : ils contiennent de plus en plus de violences, de plus en plus de contraintes. Et, aussi, de plus en plus d'ébats filmés à l'insu d'un des partenaires, surtout à l'insu de la femme. On le sait parce que les hommes qui volent ces images se vantent eux-mêmes d'avoir utilisé leur caméra ou d'avoir laissé tourner une webcam sans en prévenir leur compagne.

L'escalade ne s'arrête pas là.

Un site propose l'épouvantable spectacle de femmes « détruites à vie » par la pornographie. Elles ont honte, nous explique-t-on, elles regrettent, elles ne se feront plus jamais avoir, mais « c'est trop tard, chérie, car le film est là et tournera pour toujours, vu par des milliers d'yeux ». En illustration : des visages plein de larmes, des regards douloureux...

Un « nouveau service » a également fait son apparition avec Internet : la vengeance. En voici le principe tel qu'expliqué sur un de ces sites qui s'en est « enrichi » : « Des femmes et des hommes trompés, trahis, abandonnés, envoient les photos ou les vidéos commentées de leurs ex, pour se venger. Venez voir si, par hasard, votre voisine, votre mec, votre collègue ou votre copine actuelle... ne se trouvent pas sur nos sites ! » Comment procéder ? « Il suffit de nous envoyer un e-mail en joignant les photos de votre ex et en précisant : son prénom, sa ville et son âge. Une des photos doit nécessairement montrer le visage de votre "victime". » Tout cela est bien sûr parfaitement illégal et constitue une violation de la vie privée et du droit à l'image. Le site le reconnaît implicitement : en déplorant hypocritement de faire l'objet de plaintes de plus en plus nombreuses.

Il n'en continue pas moins de sévir... Quelques « vengeances » sont affichées sur sa page d'accueil, les autres sont réservées aux membres qui doivent verser une cotisation. Dans les faits, toutes les images que l'on peut voir sans payer sont des images de femmes accompagnées de commentaires qui sont tous de la même eau : « Merci de publier les photos de cette salope. » « J'ai été fait cocu par une salope. » « Cette vidéo a été prise en caméra cachée sous le bureau. » Et le site d'ajouter son grain de sel particulièrement fin et délicat : « Toutes ces ex-copines et ex-femmes que vous pouvez croiser tout à l'heure dans la rue... Votre voisine ? Votre collègue ? Votre copine actuelle ? »

On remarque avec intérêt que le « homme ou femme » annoncé en tête de page s'est vite féminisé ! Deux hypothèses seulement sont envisageables : soit ces sites sont incitateurs et auteurs d'infractions pénales dont les femmes sont les victimes majoritaires, soit ils utilisent les services de modèles professionnels et cela constitue une escroquerie pure et simple. En 2007, malgré les comptes que la justice pourrait lui demander, le créateur d'un de ces sites « de vengeance » a eu le culot de venir publiquement participer à un débat sur un plateau de France 2. Dans une émission du service public ! Il n'a pas été inquiété et les sites de vengeance continuent d'exister et de prospérer.

En laissant faire ainsi Internet, on réduit à néant toutes les tentatives qui tendent à mieux protéger les femmes des violences et à mieux les faire respecter.

Cyberprostitution : le danger au cœur des foyers

Sur un nombre important de plates-formes pornographiques, des *« pop up »* (des fenêtres qui s'ouvrent toutes seules) surgissent régulièrement et proposent de « rencontrer une femme seule près de chez [vous] » ou de « parler en direct » avec elle. Vous voyez alors apparaître à l'image une jeune fille censée habiter votre commune ou une commune voisine : ces sites s'autorisent à localiser celle ou celui qui pianote sur son ordinateur !

En soi, la proposition de ces plates-formes n'est pas nouvelle : les conversations érotiques existaient déjà par le truchement du téléphone ou du « Minitel rose » ; la prostitution aussi, et des compagnies utilisant le Minitel ont été condamnées pour proxénétisme. Mais ce qui a changé avec Internet, c'est l'ampleur du phénomène et son perfectionnement technique : le Minitel ne pouvait pas venir vous chercher, Internet le peut aisément. Et les sites en profitent pour traquer et repérer des femmes particulièrement vulnérables ou en état d'extrême précarité.

Dès 2003, une enquête d'une étudiante, Eva Clouet, publiée aux éditions Max Milo sous le titre *La Prostitution étudiante à l'heure des nouvelles technologies de communication*, a alerté sur les débordements et la contamination sociale provoqués par l'émergence et le développement de ces sites : alors qu'hier, pour arrondir leurs fins de mois, les étudiants faisaient des petits boulots comme je l'ai fait moi-même (vente de livres au moment de la rentrée scolaire, cours, baby-sitting, etc.), ils trouvent aujourd'hui, avec ces réseaux sur Internet, un nouveau moyen de se faire de l'argent facilement.

Chaque année, dans la France du début du XXIe siècle, 225 000 étudiants connaîtraient des difficultés financières. Ce chiffre, donné par l'Observatoire de la vie étudiante, n'est guère rassurant : il révèle l'existence d'un important « vivier » dans lequel les « sites roses » d'Internet peuvent venir pêcher leurs victimes.

De manière plus large, dans le livre *La Prostitution à Paris*[4] qu'elle a cosigné avec Marie-Élisabeth Handman, Janine Mossuz-Lavau, directrice de recherche CNRS au CEVIPOF (Centre de recherches politiques de Sciences-Po Paris), met le doigt sur une évolution assez récente : pour l'essentiel, la prostitution s'est repliée sur Internet.

Elle insiste : de plus en plus exposées aux violences, chassées de la rue, les prostituées ont trouvé refuge dans la « cyberprostitution ». Ce qui leur fait courir d'autres formes de danger liées à l'isolement : dans la rue, si l'une d'entre elles disparaissait trop longtemps, les autres pouvaient donner l'alerte ; repliées sur Internet, elles ne bénéficient plus de ces mécanismes de protection fondés

4. *La Prostitution à Paris*, Éditions de la Martinière, 2005.

sur la solidarité. Elles n'ont plus de « filet de sécurité » et elles risquent, plus qu'auparavant, d'être repérées par des réseaux criminels.

Pour Janine Mossuz-Lavau, si les autorités font preuve d'une grande tolérance envers la cyberprostitution, c'est parce qu'elle « fait moins désordre ». De son point de vue, la loi de 2003 sur la sécurité intérieure, créant le délit de « racolage passif » et le sanctionnant, aurait seulement « répondu aux demandes des riverains au détriment de la sécurité des femmes ».

En 2003, lorsque cette loi de sécurité intérieure fut adoptée, ses défenseurs étaient convaincus que, en faisant peser la répression sur la prostituée (au titre du délit de « racolage passif ») plutôt que sur le client, on freinerait considérablement la prostitution. L'objectif était clair : faire peur aux prostituées elles-mêmes et, par là même, « diminuer l'offre ». Mais, surtout, il s'agissait de contrer, par une répression ferme, le travail des proxénètes en condamnant la « source de leurs revenus ».

Or, des années après, force est de constater que les effets escomptés ne se sont pas produits. Loin d'avoir endigué le phénomène de la traite des femmes, la loi de sécurité intérieure de 2003 a simplement déplacé le problème : les prostituées ne « racolent » plus sur les boulevards, aux yeux de tous, elles le font désormais dans les périphéries des grandes villes ou, justement, sur la toile du Web. Ce qui s'avère particulièrement dangereux pour les femmes victimes des circuits de la prostitution.

Isolées, ces femmes sont maintenant à la merci, non seulement des proxénètes, mais aussi de leurs clients qui, se pensant désormais à l'abri d'une éventuelle condamnation judiciaire, les violentent sans retenue. Pratiques barbares imposées et viols sont le lot commun de nombreuses d'entre elles.

Swann Falandry et Abysse Bjelinka, respectivement coordinateur cofondateur et présidente cofondatrice de l'ONG GIPF (Groupe international de paroles de femmes), confirment que cette loi a rendu la prostituée doublement victime : d'une part, elle est victime des réseaux mafieux (le chiffre d'affaires européen de la prostitution est estimé à 3 milliards d'euros par an[5] !) ; d'autre part, elle est victime des violences que lui infligent ses clients. Entre 70 et 80 % des prostituées sont victimes de la traite des femmes et sont donc issues des réseaux mafieux[6] : ces femmes-là ne se livrent pas à une prostitution voulue et choisie ! Elles sont souvent l'objet de crimes sexuels atroces.

Il existe pourtant un pays qui est parvenu à endiguer de façon conséquente la prostitution sur son territoire : la Suède. En 1999, le Parlement suédois a voté une loi qui inversait le statut juridique de la prostituée : ce n'est plus le pourvoyeur de « services sexuels » (la prostituée) qui est réprimé, c'est l'acheteur (le client) qui l'est. Car, comme le fait valoir le Mouvement du Nid, une

5. Chiffres de la Fondation Scelles, mars 2009.
6. *Ibid.*

association française d'aide aux prostituées créée dans les années 1930 par le père André Marie-Talvas, « on ne résout pas un problème d'exploitation en sanctionnant les exploitées. »

Le texte législatif suédois a incontestablement été pionnier en Europe : « La Suède considère la prostitution comme une dimension de la violence masculine faite aux femmes et aux enfants. La prostitution y est officiellement reconnue comme une forme d'exploitation des femmes et des enfants, donc comme un problème social grave[7]. » Et, pour Gunilla Ekberg, parlementaire suédoise, les résultats de ce choix sont patents : « Depuis l'entrée en vigueur de la loi, en 1999, le nombre de femmes concernées par la prostitution de rue a diminué de moitié et le recrutement de nouvelles [prostituées] a été quasiment stoppé[8]. »

En France, nous n'en sommes pas là ! Certes, les prostituées sont moins visibles. Mais « les maisons de dressage » dans lesquelles elles sont le plus souvent affamées, battues, droguées et violées plusieurs fois par jour, avant d'être placées sur les avenues et boulevards périphériques, n'ont pas disparu. J'ai rencontré une ancienne prostituée, âgée d'une vingtaine d'années, qui a été séquestrée dans une de ces maisons. Nous avons longuement discuté. Elle m'a décrit son calvaire : pour garder,

---

7. On peut retrouver ce texte sur le site www.nouvelle-europe.eu

8. Propos recueillis par le Mouvement du Nid et publiés sur le site de l'écrivain Isabelle Alonso, www.isabelle-alonso.com

dans un tel endroit, une vague notion du temps et de la réalité, elle comptait tout ce qu'elle pouvait ; une fois, elle s'est arrêtée à son cinquantième client en une seule journée...

C'est pour que cesse cet esclavagisme moderne que je suis favorable à l'inversion du statut de la prostituée, inspirée du modèle suédois. Ce n'est qu'à ce prix que l'on parviendra, sinon à régler, du moins à réduire la traite des femmes à des fins de prostitution. Je ne me fais pas d'illusion : s'il existe bien des prostituées qui exercent délibérément leur métier, elles sont rares !

Je ne suis pas favorable à une reprise intégrale du modèle suédois qui, de fait, condamne de la prostitution. Mais je pense que, après avoir changé le statut de la prostituée, il faudra encadrer la prostitution afin qu'elle demeure une activité contrôlée de près. Différents moyens d'encadrement seront nécessaires : il faudra veiller à ce que celles qui choisissent librement d'exercer seules la prostitution ne fassent l'objet d'un trafic d'êtres humains ; il faudra que celles qui s'avéreront être sous le joug de proxénètes soient libérées de cette emprise, puis protégées comme des victimes. On pourrait, pour cela, songer à créer une cellule spéciale au sein de la police qui veillerait spécifiquement sur la prostitution.

Pour la cyberprostitution, ce sera plus difficile. Instaurer un contrôle de la prostitution sur Internet sera aussi compliqué que d'endiguer la pornographie qui s'y est incrustée.

Car, à cause de la confusion qui règne désormais sur la Toile et dans la société, entre espace public et espace privé, la protection de la confidentialité des échanges privés et celle des données ou des informations personnelles sont en train de se transformer en un véritable combat pour la liberté.

Dans ces conditions, où mettre des barrières ? Et comment ?

Comme le souligne à juste titre Nathalie Kosciusko-Morizet, « sur Internet, on trouve le pire comme le meilleur. Il faut faire attention à ne pas brider le meilleur en voulant contrôler le pire. Je ne diminue pas l'impact du négatif, mais je rappelle simplement que l'anonymat octroyé par Internet – et donc le fait d'être égal à égal – peut permettre de raconter des horreurs mais aussi de casser un certain nombre de structures qui sont les mêmes que celles qui oppressent les femmes dans le monde traditionnel. » Je suis d'accord, mais comment trouver la bonne mesure ?

Dans la jungle que constitue Internet, comment se préserver – et surtout préserver les mineurs ! – de la vue de scènes traumatisantes, tout en laissant un libre accès aux autres sites ? Théoriquement, il existe bien des moyens de contrôler la divulgation des contenus, à l'aide de filtres parentaux, par exemple. Mais si le responsable d'un site est contraint par la justice de fermer ce site pour divulgation de contenus incitant à la violence, rien ne l'empêche, quelque temps plus tard, de l'ouvrir sous une autre adresse et depuis un autre pays. Ainsi, la plupart des pires sites perdurent faute d'une surveillance dont nous pensons ne pas avoir les moyens.

Mais est-il si sûr que nous soyons vraiment impuissants ? La secrétaire d'État à l'Économie numérique est réaliste : il lui semble effectivement impossible d'éliminer tous les sites dont les contenus sont condamnables. Mais elle pense sérieusement que l'on peut améliorer la situation en jouant sur l'ambivalence espace identifiant/espace anonyme : « Il y aurait un système d'identification unique par différentes entrées. Par exemple, il existerait un système d'identification pour lequel l'internaute donne son identité complète et, un autre, où l'on ne sait que s'il est majeur ou mineur. On pourrait songer, pour ce qui est des sites pornographiques, à ce que l'accès soit limité au certificat de majorité. On demande aux fournisseurs d'accès à Internet de fermer tous les accès dans l'espace anonyme, et de laisser un accès aux sites concernés dans l'espace identifiant. Ensuite, on peut tout à fait mettre en place des filtres qui ne délivrent l'accès qu'aux sites identifiés et pas à ceux [qui sont] anonymes[9]. »

Il est évident, en effet, que l'on ne parviendra pas à bloquer la présence de certains sites, même s'ils sont délictueux ou criminels : nous ne disposons pas encore de la technologie qui nous permettrait de fermer à distance, et en deux clics, un site aux contenus illégaux ; surtout, il n'existe pas encore une législation mondiale

9. Entretien avec Nathalie Kosciusko-Morizet, 9 novembre 2009 (voir Annexe 3, page 235).

qui éviterait qu'un site condamné en France soit immédiatement rouvert depuis un autre pays.

Mais, si l'on parvient à sensibiliser suffisamment de citoyens – dont nombre d'entre eux sont ou seront des parents – aux dangers que recouvre le libre *surfing* sur Internet pour un enfant d'à peine 10 ans, il se peut que les filtres préconisés par Nathalie Kosciusko-Morizet deviennent très demandés. S'étendrait ainsi une prise de conscience des dérives d'Internet, aujourd'hui encore trop faible, qui trouverait alors un débouché dans la pratique d'un contrôle.

Une instance qui s'occuperait spécifiquement du problème de la pornographie sur Internet pourrait venir compléter le dispositif : elle traquerait en permanence les sites contenant des dérives, elle mettrait en place des dispositifs de prévention et d'information contre ces sites, elle dissuaderait les hébergeurs de les accueillir. Pourquoi ne pas créer une telle instance le plus rapidement possible ?

Le nouveau sadomasochisme ou l'explosion des règles de conduite

En déplaçant, voire en supprimant la ligne qui sépare la sphère publique de la sphère privée, Internet a aussi offert une vitrine à des communautés qui n'évoluaient et ne se manifestaient auparavant que dans des espaces marginaux et confidentiels. C'est le cas des milieux dits « SM », plus communément appelés « sadomasochistes » ; et c'est le cas des pratiques « libertines » ou de l'échangisme. Ces activités, relevant de choix privés, ne bénéficiaient pas d'une grande publicité avant l'avènement d'Internet : organisées en groupes ou en clubs, elles restaient discrètes, presque secrètes. Les choses ont bien changé !

Isa, pratiquante du SM, s'est lancée dans la lutte contre les abus. Le SM, explique-t-elle, était au départ un jeu, un jeu de rôles, un « jeu drôle », mais sa pratique a évolué : « Avant, le sadomasochisme se pratiquait dans des cercles très fermés. Il y avait un côté "société secrète" qui est en perte de vitesse. Notamment avec les films et Internet, les pratiques se sont répandues. Le SM se "démocratise" et on en est arrivé à une pratique à domicile. » Moins contrôlée donc. Pour cette raison, pratiques dangereuses ou imprudentes et abus se sont multipliés.

Isa a fondé un site d'informations et d'aide aux victimes du SM sur Internet (www.bdsm-ou-abus.org). Elle a pris cette décision le lendemain de sa rencontre avec une soumise « complètement détruite » : le « dom » (diminutif couramment utilisé pour « dominant ») de cette femme la tailladait au couteau et la prostituait en la mettant à la disposition de ses amis. Elle était devenue dépendante financièrement, elle était « au fond du gouffre ». Isa ne sait pas si cette jeune femme a réussi à s'en sortir.

Chez les SM, les notions de consentement et de limites sont incontournables. L'équation « douleur = plaisir » demeure choquante pour de nombreuses personnes. On peut le comprendre, mais il n'en demeure pas moins qu'une certaine douleur consentie ne doit pas mener à une violence subie. Cette pratique consiste à procurer des sensations et en provoquer chez l'autre sans le mettre en danger.

Isa admet que certaines « soumises » se lancent dans le SM parce que, consciemment ou non, elles sont prises dans une spirale autodestructrice. C'est au dominant de s'en rendre compte et de refuser de s'adonner à une telle pratique.

Alcool ou drogue sont proscrits avant l'entrée en jeu. « On peut boire un verre ensemble, précise Isa, mais après un jeu, jamais avant ! » On peut trouver sur son site l'histoire édifiante d'une jeune femme, soumise, qui a trouvé son « dom » en train de prendre l'apéritif avec trois de ses amis (à lui). Elle avait accepté le principe d'un jeu en groupe. Elle avait une totale confiance dans son dominant : bien que l'ayant vu boire, elle ne s'est pas méfiée et elle s'est laissée attacher...

Le jeu a vite dégénéré : les hommes se sont mis à la frapper. Plus elle leur hurlait d'arrêter, plus ils cognaient. C'est seulement quand elle a perdu connaissance que l'un d'entre eux, un peu resté à l'écart, est intervenu. Bilan : deux semaines d'hôpital. Elle n'a pas porté plainte, mais elle a rompu toute relation avec son dominant. Il a essayé de renouer des contacts en plaidant qu'il était ivre. En vain. Cette tentative de ce dominant, après de tels faits, de renouer avec sa « soumise » peut paraître irréelle, elle n'est pourtant pas rare : la victime n'ayant pas porté plainte, l'homme irresponsable et violent se croit autorisé à multiplier les relances auprès de sa victime.

Pour les femmes victimes de partenaires SM, les difficultés sont les mêmes que pour les victimes de violences conjugales ou autres : elles ont peur d'être dénigrées si elles vont raconter leur agression ; elles méconnaissent leurs droits ; psychologiquement choquées par ce qu'elles ont subi, elles ont du mal à aller déposer plainte. Ce silence explique que, souvent, elles soient « relancées » par ceux qui ont abusé d'elles : ils se pensent à l'abri de poursuites judiciaires.

Isa l'a bien compris : seul l'accompagnement des victimes des « dérapages » du SM – notamment en les aidant à porter plainte – permettra de faire reculer les accès de violence inacceptables que ces femmes subissent.

Pour Isa et pour Aramis, deuxième administrateur du site créé par Isa, la conception originelle des jeux sadomasochistes n'a rien à voir avec la violence conjugale : « Abuser de quelqu'un ne se fait pas (ce sont eux qui soulignent) en SM ; et différentes procédures sont connues des pratiquants afin de garantir la "consensualité" des actes et la sécurité des participants. Le SM s'exerce dans un environnement sous contrôle, après avoir négocié les pratiques envisagées en fonction des envies des partenaires. Et, à tout moment, chacun des pratiquants doit pouvoir arrêter les activités en cours en prononçant un mot d'arrêt prévu à l'avance (ce qu'on appelle le *safeword*). Personne dominante ou personne soumise, les deux ont bien conscience d'être responsables de leurs actes.»

Isa sait de quoi elle parle : avant de pratiquer le SM, elle a été victime de violences conjugales. Son «dominant» dans les jeux sadomasochistes est son nouveau compagnon : ils vivent une existence heureuse. À travers ses propos et ceux d'Aramis, on entend bien que cette pratique marginale de la sexualité s'inscrit dans un cadre théoriquement réglementé. Mais la réalité est plus rude et plus complexe.

Les nouvelles technologies, en effet, ont largement contribué à la multiplication des abus et des violences contre les femmes – parfois contre des hommes aussi, mais c'est moins fréquent – dans les milieux dits «sadomaso».

Sur Internet, des prédateurs sont à l'affût : sur les forums, spécialisés ou non, sur les sites de rencontres, sur les *chat.* Certains d'entre eux sont très habiles pour arriver à leurs fins.

C'est sur Internet que Claire (son prénom a été changé) a rencontré un homme qui «avait l'air très bien». Appelons-le Gérard : il lui a été recommandé comme dominant. Après plusieurs échanges puis rencontres, ils vont «un petit peu plus loin», commencent à «jouer». Tout se passe sans incident et leur relation s'approfondit. Du moins, le pense-t-elle...

Une fois, pourtant, il lui fait des propositions suspectes. Il lui propose un *«gang bang»*, c'est-à-dire des relations sexuelles avec un groupe d'hommes. Il est propriétaire d'un club et veut l'y emmener. Il souhaite aussi qu'elle s'y laisse prendre en photo. Il suggère qu'il pourrait la « prêter » à d'autres hommes. Claire refuse, catégoriquement. Gérard semble accepter cette rebuffade... Leur relation continue à être agréable, Claire continue de lui faire confiance.

Mais un jour, il l'attache un peu plus solidement que d'habitude. Et il se met à la frapper avec une cravache, une badine, un martinet, de plus en plus fort. Elle lui dit d'arrêter, mais il continue : « Il m'a mise en sang. La badine faisait craquer ma peau et je souffrais horriblement. Il a continué à taper pendant un temps qui m'a semblé durer une éternité. J'ai eu des cicatrices, dues à des blessures avec des plaies ouvertes, et des contusions profondes et multiples. »

Mue par l'énergie du désespoir, Claire s'est déboîté un pouce en essayant de se détacher. Elle y est parvenue : « Il m'a regardée, tout bête. Je l'ai cinglé en plein visage et je suis partie. J'ai conduit comme j'ai pu jusque chez moi. J'étais en rage et je crois que c'est ce qui m'a permis de rentrer. J'hésitais à aller à l'hôpital. J'avais peur qu'on me juge si je racontais ce qui s'était passé. Et peur qu'on m'enlève mes enfants. »

Claire, malgré ses craintes, a fini par se rendre à l'hôpital. Ses plaies devaient être recousues. Aux urgences, on l'a dirigée vers la salle d'examens. Là, le médecin légiste n'a pas mâché ses mots : « Ce n'est plus du dérapage. Il a continué malgré le *safeword* ? Ce n'est plus un jeu SM, c'est de la violence ! Il faut porter plainte. » Claire a eu droit à une ITT (incapacité temporaire de travail) de quinze jours. Elle est allée porter plainte.

Une policière prend sa déposition. Claire se rend compte que l'institution judiciaire ne lui est pas hostile. Au contraire ! Et elle réalise qu'elle est considérée pour ce qu'elle est : une femme victime de violences. Gérard essaie de la contraindre à retirer sa plainte : il menace de lui envoyer des hommes de main, il l'insulte, puis essaie de négocier en lui proposant de rembourser ses frais médicaux et ses soins ! « Tu étais soumise ! Tu voulais ! » prétend-il. Non, elle ne voulait pas ça.

C'est aussi l'avis du juge du tribunal correctionnel devant qui Gérard comparaît pour coups et blessures. Au cours de l'audience, il tente de se défendre : « Souvent, elles disent "non", mais c'est "oui". Je voyais bien qu'elle en avait envie. » Pareille pseudo-justification ne convainc personne. Quand on lui fait remarquer que Claire en avait tellement « envie » qu'elle s'est déboîté le pouce en cherchant à se libérer, Gérard ose lancer : « Elle n'avait qu'à pas se débattre ! » Il est condamné à un an de prison avec sursis.

Plus tard, Claire s'est renseignée. Elle n'était ni la première victime de Gérard ni, probablement, la dernière. Il avait tout préparé depuis le début. Car son objectif permanent est de recruter des femmes pour les clients de son club. Pourquoi aurait-il craint une plainte ? Puisque aucune de ses victimes n'avait, jusque-là, eu le courage de se retourner contre lui ! Claire reste la seule à l'avoir fait comparaître devant la justice.

Gérard « repère » sur Internet : soit sur des sites dédiés à la communauté sadomasochiste, soit sur des sites de rencontres non spécialisés que les pratiquants du SM appellent des « sites vanille ». Il jette son dévolu sur les soumises qui sont un peu en souffrance : il est sûr de parvenir à leur imposer son emprise. « Elles sont détectables, reconnaît Claire. Ça se sent à la manière dont elles se présentent. »

Dans le cas de Claire, Gérard a été quelque peu présomptueux : parce qu'il a réussi à la piéger, il a cru qu'il la tenait sous sa coupe. Elle n'était pas manipulable !

L'expérience de Claire nous montre dans toute sa clarté un aspect particulièrement dangereux du sadomasochisme : la relation entre les deux partenaires repose sur la confiance, et c'est précisément cette confiance qui rend la victime potentielle particulièrement vulnérable !

Certaines soumises ont du mal à fixer une frontière entre ce qu'elles doivent accepter, pour « jouer le jeu », et ce qu'elles doivent refuser. D'où cette mise en garde d'Isa et d'Aramis : « La phrase "Puisque je suis soumise, je dois obéir" peut faire des ravages. »

Aux violences coupables et aux abus commis au nom du sadomasochisme, il faut opposer le respect des personnes et celui de la loi. Tel est l'enjeu.

En France, la justice ne remet pas en cause les pratiques, sexuelles ou connexes, relevant de la vie privée et d'un choix consensuel. Mais elle sanctionne la contrainte, l'abus de faiblesse, la « marchandisation » sexuelle et la mise en danger d'autrui.

Le 30 avril 2008, lors d'une audience du tribunal correctionnel de Grasse, un prévenu comparaît pour avoir, dans le cadre de relations sadomasochistes, incité sa maîtresse, rencontrée grâce à Internet, à se prostituer pour lui et à « s'infliger des violences gravement préjudiciables ». L'éclairage jeté sur l'affaire par le procureur Jean-Louis Moreau est honnête et précis : « Nous ne faisons pas le procès du sadomasochisme. Il s'agit du dérapage du sadomasochisme. [...] Le consentement d'une personne en état de faiblesse est vicié. » À l'abus de faiblesse avancé par l'accusation vient s'ajouter l'autre grief, encore plus lourd : pour le simple fait « d'aider, d'assister ou de protéger la prostitution d'autrui » ou d'en « tirer profit », au titre de l'article 225-5 du code pénal réprimant le proxénétisme, un accusé risque sept ans d'emprisonnement et 150 000 euros d'amende.

Ce jour-là, à Grasse, l'accusé, ancien président d'une université, plaide qu'il n'entretenait avec la victime rien d'autre qu'« une relation sadomasochiste classique et consentie ».

Sa défense n'a pas paru très probante à la justice qui, après une procédure d'appel, l'a condamné à un an de prison avec sursis pour incitation à la prostitution.

Autre juridiction, autre jugement. Pas moins intéressant.

Dans une décision du 17 février 2005, la Cour européenne des droits de l'homme affirme d'abord que le droit pénal ne peut, en principe, intervenir dans le domaine des pratiques sexuelles consenties qui découlent « du droit [pour chacun] d'opérer des choix concernant son propre corps ». Mais, aussitôt après, elle ajoute que le respect de la volonté de la « victime » dans les relations sadomasochistes, « dont le propre droit au choix d'exercice de sa sexualité doit être aussi garanti », constitue une des limites à ce principe de non-intervention des autorités pénales.

Ces considérations visaient deux requérants : un magistrat et un médecin qui avaient saisi la Cour européenne des droits de l'homme après avoir été condamnés par la justice belge. Cette dernière avait infligé au premier, pour « coups et blessures volontaires et incitation à la débauche », un an de prison et 100 000 francs belges d'amende, assortis de l'interdiction d'exercer pendant cinq ans toute fonction, emploi ou office public. Le deuxième, pour « coups et blessures volontaires », avait été condamné à un mois d'emprisonnement et 7 500 francs belges, le tout avec sursis.

La victime était la femme du magistrat. La cour d'appel d'Anvers avait reproché aux deux hommes des pratiques d'une « extrême violence », interdites dans les clubs spécialisés ; et des vidéos, saisies lors de l'instruction, avaient révélé qu'ils avaient plusieurs fois ignoré que « leur victime suppliait qu'il soit mis un terme aux opérations en cours ». De plus, le magistrat condamné avait proposé à un club sadomasochiste que sa femme « s'y livrât comme "esclave" » pour y subir, moyennant rémunération, des pratiques violentes relevant de la débauche et de la prostitution. Et, pendant des mois, il s'était rendu régulièrement au club pour aller chercher son « esclave » et récupérer l'argent qu'elle gagnait.

Dans sa décision, la Cour européenne des droits de l'homme fait ressortir que le magistrat condamné « ne pouvait ignorer le principe selon lequel le consentement de la victime n'annule ni le caractère illégal des faits ni la culpabilité de l'auteur, et, dès lors, ne constitue pas une cause de justification ».

La Cour reproche aussi aux deux condamnés de n'avoir pas respecté « les règles normalement reconnues pour ce genre de pratiques : non seulement de grandes quantités d'alcool ont été consommées durant ces séances, ce qui leur a fait perdre tout contrôle de la situation, mais en outre ils auraient également ignoré que la victime criait "Pitié !" et "Stop !", mots par lesquels il aurait été convenu entre les intéressés que ceux-ci devaient mettre fin aux opérations en cours. [...] Dans ces circonstances, les requérants ne pouvaient ignorer le risque de poursuites pour coups et blessures auxquelles ils s'exposaient ».

Et de conclure que « dans ces circonstances, [...] les autorités belges étaient en droit de juger que les poursuites engagées contre les requérants et leur condamnation étaient des mesures nécessaires, dans une société démocratique, à la protection des "droits et libertés d'autrui" ».

À l'issue de ces considérants, logiquement, la Cour européenne des droits de l'homme a invalidé le recours du magistrat et du médecin.

Ce fut là, à plusieurs titres, une décision heureuse. D'abord, elle a réaffirmé le droit pour chacun de disposer librement de son corps et d'avoir les relations sexuelles consenties de son choix. Ensuite, elle a fixé des limites aux pratiques dont le développement génère une multiplication d'abus et de violences dont les femmes sont les premières victimes. Enfin, à l'avenir, elle devrait aider ces femmes victimes des dérapages SM à se déculpabiliser et à oser se défendre en poursuivant leurs tortionnaires.

Les mots d'Isa, sur son site d'aide aux victimes d'abus dans les pratiques sadomasochistes, vont dans le même sens que l'arrêt de la Cour européenne des droits de l'homme : « Personne n'a le droit d'abuser de vous. Vous n'êtes pas responsable de la violence que vous subissez. De plus, vous n'êtes pas seule. Adressez-vous à des groupes d'entraide ou à quelqu'un avec qui vous pourrez discuter de la situation et qui pourra vous conseiller. Informez-vous au sujet des maisons de refuge. [...] Vous méritez d'être aidée et supportée. Et vous avez le droit d'être respectée. »

Dans les propos qu'elle a tenus à Laurence Beneux, Isa a également soulevé une question épineuse : celle des clichés qui, ce n'est pas rare, sont réalisés au cours des jeux SM sur la base d'une confiance mutuelle. Il arrive même que des albums entiers de photos soient constitués... Quand une séparation des partenaires intervient, il serait juste et légitime que le devenir ou la destruction de ces images soient décidés d'un commun accord. Mais cela ne se passe pas toujours ainsi ! Nombre de femmes ont été l'objet de chantages. Dans le genre : « Si tu ne fais pas ce que je veux, je montre à tes enfants ce que tu as fait ! » Ou encore : « Je vais distribuer des tracts à tes voisins, à tes collègues ! »

Dans ce cas, la législation sur le droit à l'image et la protection de la vie privée s'applique. Mais celles qui subissent ces menaces le savent-elles ?

Par ailleurs, on ne peut ignorer que les clubs SM font problème. De fait, ils sont peu ou mal encadrés. Ce laxisme fait que, parfois, le proxénétisme n'est pas loin... Par exemple, un club parisien, qui a la particularité de revendiquer une double casquette de club sadomasochiste et de club libertin, organise tous les mois une « mise aux enchères d'esclaves ». Certes, l'argent de la transaction est fictif. Mais on y « achète » quand même une esclave contre « deux sodomies » ou avec de faux billets vendus à l'entrée ! On sait aussi que les bénéfices indirects du club ne sont pas anodins : classiquement, les clients paient entrée et consommations, mais leur présence a surtout à voir avec les « services », sexuels ou non, qu'ils espèrent ! Qui organise et tarifie ces services ? Et qui encaisse ?

La police ne pourrait-elle pas s'intéresser un peu à ces clubs ?

Le nouveau libertinage

Internet a également donné un essor considérable à d'autres pratiques marginales qui peuvent devenir un enfer pour les femmes : le « libertinage » et l'échangisme. Dans la réalité, ces deux mots sont souvent synonymes et employés l'un pour l'autre.

Pour Emmanuelle Piet, gynécologue en PMI (Protection maternelle et infantile) et militante du Collectif féministe contre le viol, libertinage et échangisme sont pratiqués à la seule initiative des hommes : les femmes ne s'y soumettent que contraintes et forcées, au mieux sous l'effet de pressions insistantes. *L'Analyse des comportements sexuels en France*, une étude de l'INED (Institut national d'études démographiques) publiée en 1993 par la Documentation française, tend à donner raison à Emmanuelle Piet, au moins dans une majorité des cas.

Il ressort en effet de cette étude que l'échangisme attire plus les hommes que les femmes puisque, au début des années 1990, ils étaient déjà quatre fois plus nombreux que les femmes à s'y être adonnés : 4 % de la population masculine contre 1 % de la population féminine. Et cinq fois plus d'hommes que de femmes admettaient avoir pratiqué des relations à trois.

Plus récemment, en 2008, une *Enquête sur la sexualité en France*, dirigée par Nathalie Bajos (directrice de recherche à l'Inserm) et publiée par La Découverte, a confirmé qu'il existe bien une différence entre hommes et femmes dans leur façon respective d'appréhender et de vivre la sexualité : « Les femmes débutent leur vie sexuelle pour des raisons liées à l'amour, alors qu'il est plus question de désir chez les hommes. » L'enquête souligne aussi que les femmes ont tendance à ne considérer comme des « partenaires » que ceux qui ont eu, ou ont, une importance affective dans leur vie ; ce qui n'est pas le cas des hommes.

C'est l'histoire d'une emprise et d'une lente descente aux enfers que raconte Murielle (son prénom a été changé pour respecter son désir d'anonymat).

Elle a 19 ans quand elle rencontre son futur mari, alors âgé de 26 ans. Elle se décrit comme « une oie blanche », comme « une petite fille modèle » qui a eu une enfance choyée mais une éducation très stricte. Lui est un ex-soixante-huitard, cheveux longs et *« peace and love »*. Cela se passe dans les années 1970, sur fond de libération sexuelle. Murielle tombe follement amoureuse. « Tellement amoureuse, dit-elle, que j'acceptais tout. » Assez amoureuse pour céder sa place à l'ex-petite amie de son jeune mari quand ce dernier renoue des contacts avec son ancienne conquête.

Ce mari définit son épouse comme une « bourgeoise coincée du cul ». Elle n'a de cesse de lui prouver le contraire. Alors, quand il décide de faire de l'échangisme, et veut mettre des annonces pour trouver des partenaires parce qu'elle « est trop belle », elle accepte. Pourquoi ? « Je me disais : je l'aime, je dois lui obéir, je dois lui faire plaisir. » Les « expériences » se multiplient au gré des partenaires. «Je n'aimais pas ça, mais j'étais complètement soumise à lui, parce que je l'aimais.»

Comme l'a voulu son mari, ils habitent dans une ferme. Murielle ne supporte plus d'enchaîner les rapports sexuels avec tous ces hommes. Elle le dit à son mari, lui explique qu'elle se force. Il lui rétorque: «Après tout ce que tu as fait, tu peux le faire encore, et ça peut rapporter.» «Je ne sais plus comment j'ai accepté, constate Murielle, mais le fait est que j'ai accepté.» Son mari parvient donc à la faire répondre à des annonces d'«hommes généreux». Rapidement, le couple peut se permettre d'acheter quatre hectares de vignes. Lui en rêvait, et il explique à sa femme que ça va leur servir de «couverture». Il a poussé sa femme à se prostituer et ça rapporte!

Murielle a répondu à des annonces, son mari l'incite maintenant à en faire paraître: «Cherche homme généreux pour relations discrètes.» Elle travaille aussi la terre à mi-temps. Elle veut des enfants. Au début, il renâcle. Mais elle le menace de le quitter s'il ne lui permet pas de réaliser son rêve maternel. Il cède. Un fils naît, puis une fille. L'argent gagné par Murielle permet d'agrandir la propriété. Tout le reste, elle le place pour ses enfants: «J'ai toujours vécu comme si je n'avais rien. Lui dépensait beaucoup.»

Elle tente d'arrêter la prostitution, mais ça ne dure pas. Il la force à recommencer. Le couple se détériore. Elle fait chambre à part. Elle a très peur de lui. Parfois, il la bat: contusions, hématomes, œil «au beurre noir». Il la viole deux fois. Un jour, elle se rebelle. En réponse, il lui adresse ce mot: «Partouzée, violée, prostituée; je mérite quinze ans de prison, alors laisse-moi dans ma prison.»

Les années passent... Mais, à un moment, le mari multiplie les réactions absurdes. Murielle se dit alors qu'il est fou. Elle a peur pour sa vie: «Les coups, j'étais habituée. Mais, là, j'ai commencé à être terrifiée. J'ai paniqué.» Puis, elle a appris ce qu'elle ignorait jusqu'alors: elle a le droit de porter plainte contre son mari. La notion de «viol conjugal» existe dans la loi. Elle le quitte en 2005. Elle ne s'alimente presque plus, elle pèse 46 kilos.

Murielle a ensuite refait sa vie et porté plainte pour proxénétisme et viol. La procédure judiciaire est en cours. Il lui aura fallu plus de vingt-cinq ans pour se libérer de cette emprise qu'il a exercée sur elle! Elle est toujours dans un processus de reconstruction et suit une psychothérapie.

Son ex-mari, lui, use et abuse désormais d'Internet: un outil intéressant qui lui permet de rencontrer des femmes!

L'histoire de Murielle n'est, hélas!, pas un cas isolé. Au cours de ses recherches, Laurence Beneux a rencontré d'autres cas semblables. Cette histoire témoigne aussi d'un fait: Internet est également devenu un nouvel espace de rencontres pour les «libertins».

Il y a peu, un projet a fait l'objet d'un important battage médiatique: il a été annoncé qu'un site serait prochainement créé qui proposerait de mettre en contact les gens mariés en mal de relations extraconjugales. Son succès annoncé serait déjà en marche : des milliers de préinscriptions auraient été récoltées à travers l'Europe. Les premiers intéressés sont des hommes, qui constituent 60 % de la clientèle du site. Du côté des femmes, on peut se demander si ce ne sont pas majoritairement des « professionnelles » qui s'apprêteraient à venir racoler sur le site. Combien de femmes seraient de vraies candidates à l'adultère ?

Jusqu'à présent, les amateurs de « rencontres sexuelles » se servaient plus ou moins discrètement des forums et des *chat* déjà existants sur Internet pour parvenir à leurs fins. Avec ce site à venir, c'est la première fois qu'un projet commercial propose ouvertement d'arranger des échanges sexuels de nature adultérine. Et il annonce la couleur avec force publicité. Ce, sans susciter la moindre réaction de la part des institutions qui devraient pourtant être soucieuses de prévenir des dérives largement prévisibles !

Dans les milieux « libertins », dès qu'une forme de monnayage est utilisée, prostitution et proxénétisme affleurent. C'est le cas des clubs. L'entrée n'y est pas gratuite : les couples paient leur entrée autour de 45 euros ; les hommes seuls, quand ils sont admis, paient le double ; généralement, l'entrée est gratuite ou minime (10 euros) pour les femmes seules. Pourquoi cette faveur faite à la gent féminine ?

Pierre (son prénom a été modifié) connaît bien ce monde des libertins et leurs clubs. Il explique : pour avoir un service sexuel à bon compte, un « libertin » se rend souvent dans un club en compagnie d'une prostituée. Le client doit nécessairement payer la prostituée, penserez-vous. Oui, mais pour ce prix, il passera une soirée entière et... il aura accès à plusieurs femmes ! De surcroît, étant « accompagné », il pourra entrer dans les lieux réservés aux couples. La prostituée, elle, y trouve aussi son compte : elle a l'occasion de faire connaissance avec des clients potentiels.

Selon Pierre, d'autres hommes viennent « en club » après avoir convaincu leur femme de se joindre à eux. Ils voient dans ce choix la possibilité d'avoir des relations extraconjugales avec l'accord de leur compagne ; ils ont aussi l'intention de se servir d'elle comme « monnaie d'échange ». Certains couples ne paient jamais : ceux dont la femme s'avère particulièrement « hospitalière ».

Pierre évoque également les cas où, pour fidéliser ce genre de couples, le patron du club offre un « intéressement », au mari ou au couple, sur le prix d'entrée payé par les hommes qui « profitent » de l'épouse. Le mari se transforme ainsi en proxénète de sa femme. Des femmes deviennent des prostituées de fait, parfois sans même s'en rendre compte. Et le propriétaire d'un tel club, où les clients paient pour avoir un service sexuel de la part d'autrui, se rend lui aussi coupable du délit de proxénétisme.

Une « professionnelle », une prostituée « classique », touche au moins une partie de l'argent versé par ses clients ; ce n'est pas forcément le cas dans les clubs pour « libertins » Toutes ces femmes qui ont été emmenées dans un club, par le libertin dont elles partagent la vie, sont-elles vraiment là de leur plein gré ? En fait, rien dans leur comportement n'évoque des personnes venues explorer de nouveaux « horizons sexuels » pour s'amuser et s'épanouir.

Isabelle (son prénom a été changé) parle avec douleur de ces soirées dans lesquelles son ex-mari l'entraînait. Elle avait peur de lui. Quand elle était indocile, il s'en prenait à leur fils. Une fois, il a disparu pendant quinze jours avec le petit garçon, sans qu'elle puisse avoir des nouvelles. Elle en a été fortement traumatisée. Elle avait signalé cette disparition à la police, mais le mari est revenu avec l'enfant : il n'a été donné aucune suite judiciaire à ce geste de violence et de chantage, qui n'a été considéré par les autorités que comme l'expression d'un simple conflit conjugal.

Isabelle pense qu'elle a sans doute été régulièrement droguée : certains de ses souvenirs sont extrêmement flous et elle a l'impression que, parfois, toute capacité de réaction l'avait désertée...

Ce témoignage me rappelle le constat répété que Judith Trinquart, médecin de santé publique, a pu faire : chez la majorité des victimes d'actes sexuels forcés, une dissociation se produit entre leur corps et leur esprit. « Elles s'érigent, explique-t-elle, une sorte de défense psychique, ce que j'ai appelé la "décorporalisation" ou un désinvestissement corporel, la perte de propriété de son propre corps. Le même mécanisme se produit dans le viol, la pédophilie ou l'inceste : pendant l'acte sexuel, les personnes se détachent de leur corps pour ne plus en ressentir le vécu[10]. »

Pour conclure ce chapitre, je voudrais clarifier un point.

Qu'on ne s'y méprenne pas ! À aucun moment je ne cherche à attenter aux libertés individuelles. En revanche, je condamne le déchaînement de violence qui peut se produire dans le cadre de certaines pratiques.

La pornographie doit être condamnée dès lors qu'elle montre à l'écran des scènes de violence que la loi interdit formellement, ou quand elle fait entendre des propos dégradants qui bafouent la dignité de la femme.

Il en va de même pour la prostitution. Le pourcentage de femmes qui se livrent à cette activité de leur plein gré est peut-être faible, c'est vrai ; mais c'est bien à elles seules que la pratique de cette activité doit se cantonner. Reste à savoir de quelle façon cela est possible.

Ces pratiques, de même que le SM ou l'échangisme, relèvent du champ privé aussi longtemps que la volonté d'un individu n'est pas niée ou bafouée. Mais, dès l'instant où la barrière du consentement est franchie, la femme cesse, aux yeux de la justice, d'être « femme de » ou « conjointe de » pour devenir « victime », donc forte des droits dont elle dispose pour faire sanctionner son agresseur.

---

10. Interview de Judith Trinquart, « Elles se détachent de leur corps », *Le Nouvel Observateur*, n° 2349, 12-18 novembre 2009.

Nous ne sommes plus à l'heure du puritanisme et de l'abolition des pratiques que l'on jugeait autrefois « déviantes ». Loin de vouloir les abolir, je souhaite seulement qu'elles soient encadrées, afin qu'elles cessent d'être le creuset d'un déchaînement de violences plus ignobles les unes que les autres.

Il y a trente ans, les femmes se battaient pour se libérer des affres d'une société sexiste et cloisonnante. « Notre corps nous appartient », disaient-elles. Aujourd'hui, nous nous battons pour que cette libération ne soit pas, de manière régressive, l'objet d'un nouvel asservissement.

5

Le plafond de verre ou les discriminations dans les carrières et les fonctions

Il est plus facile de déplacer des montagnes
que de changer des habitudes.

Proverbe chinois

D'une violence à l'autre.

Si l'on considère toutes les brutalités, toutes les représailles et tous les abus que je viens de recenser au fil des pages, la violence faite aux femmes, quels que soient le chemin et la forme qu'elle prend, repose toujours sur une vision dégradée du genre féminin.

À la base de cette conception sans consistance, on trouve un faisceau de préjugés présentés comme autant de postulats péremptoires et indiscutables : la femme n'étant qu'un être puéril, l'homme peut avoir autorité sur elle comme sur un enfant ; il n'a pas à lui demander son avis ni à prendre en compte sa volonté.

Cette idéologie n'est ni récente ni nouvelle. Elle n'est pas le résultat de l'évolution actuelle de nos sociétés modernes qui, comme certains le prétendent, exposeraient plus les femmes à la violence aujourd'hui qu'hier. Non, la femme, à de rares exceptions près, a de tout temps été méprisée, aliénée, dominée, ostracisée, violentée.

La marche des femmes vers leur émancipation a démarré il y a longtemps déjà. Elle a été houleuse et semée d'embûches. Elle continue. Elle va sans doute durer... Il y a encore tant à faire, tant à gagner !

Ne risquons-nous pas, tant le chantier demeure immense, de laisser quelques-uns de nos rêves sur le bord de la route ? Ne serions-nous pas tentées, nous les femmes, parce que trop requises ailleurs, d'abandonner certains objectifs ? Par exemple, la parité, l'égalité des sexes (en termes d'accès aux droits), l'égalité des chances entre hommes et femmes... Mais continuer de nous les refuser, ou dans les lois ou dans la réalité quotidienne, c'est bel et bien s'obstiner à nous faire violence ! Alors, ce n'est sûrement pas le moment de « laisser tomber » !

Un bilan s'impose. Je veux dire : un bilan historique.

Un bilan pour remettre en perspective notre longue marche. Où en sommes-nous ? Qu'avons-nous gagné d'irréversible ? Que nous reste-t-il à faire ?

Un bilan pour ne rien oublier : ni de ce qui est acquis, ni de ce qu'il nous faut encore acquérir.

Un bilan pour ne rien laisser passer. Pour ne laisser passer aucune des violences faites aux femmes.

La femme dans l'histoire : de l'oubli à l'éternelle enfance

Un peu d'histoire donc.

Au XVIIIe siècle, avec la Révolution française, on crut qu'une ère de droits et de libertés s'ouvrait pour tout le monde. Mais les femmes n'en bénéficièrent pas ! Dans les années qui suivirent, pour elles, tout continua comme avant...

Avant, il y avait eu l'Antiquité : Athènes, Rome. Dans la Grèce antique, la femme était totalement subordonnée à l'homme. Chez les Romains, le droit romain était orienté dans le même sens : les femmes étaient exclues des lieux sacrés, des festivités divines et, bien sûr, du pouvoir.

Par la suite, les grandes religions occidentales monothéistes n'ont pas modifié cette inclinaison. Le Coran a entériné et renforcé ce que le judaïsme et le catholicisme avaient institué : la supériorité de l'homme sur la femme. Trois religions, une seule exhortation : la femme doit être obéissante et se consacrer à son foyer !

La première évolution positive vint au XVIe siècle avec la Réforme : le féminisme, à son origine, fut protestant. Mais la Révolution française n'emboîta pas le pas du protestantisme, elle fut « une révolution d'hommes » qui ne fit pas la part belle aux femmes.

Les grands noms de notre Révolution, ceux qui sont passés à la postérité, sont tous masculins. La mémoire collective et les historiens (délibérément ?) ont oublié, par exemple, Claire Lacombe et Pauline Léon qui ont pourtant fondé la Société des républicaines révolutionnaires et revendiqué des droits pour les femmes. Ils ont à peine retenu Charlotte Corday, républicaine et amie des Girondins de Caen qui, en 1793, décida de tuer le journaliste et député Jean-Paul Marat, un des responsables des massacres de septembre pendant les années de la Terreur qui suivirent 1789.

Ils ont gommé sans état d'âme le nom d'Olympe de Gouges, elle qui initia les « Sociétés des femmes » et n'hésita pas à ferrailler pour réclamer l'égalité des sexes. Elle qui se paya l'audace de parodier la Déclaration des droits de l'homme et du citoyen en rédigeant ces articles hardis : « La femme naît libre et demeure égale à l'homme en droits. » « Le principe de toute souveraineté réside essentiellement dans la nation qui n'est que la réunion de la femme et de l'homme. » Elle qui poussa l'émancipation jusque dans le domaine réservé des hommes qu'était alors la cavalerie : refusant la « monte en amazone » imposée aux femmes, elle se permit d'enfourcher ses montures à la manière des hommes, en mettant ses deux jambes des deux côtés de la selle...

S'est-on préoccupé de rendre justice à ces pionnières du combat politique républicain et de la lutte féministe ? Où sont les manuels scolaires qui leur donnent la place qu'elles méritent ? Tout s'est passé, tout se passe encore comme si, en définitive, la Révolution française devait rester à jamais la propriété exclusive des hommes !

Heureusement, certains révolutionnaires n'ont pas totalement « zappé » les femmes ! Ainsi, Condorcet a-t-il affirmé, en 1790, le principe d'une instruction publique, laïque, gratuite... et commune aux deux sexes. Ainsi, les lois de septembre 1792, votées par des hommes, en instaurant le divorce, ont-elles donné à une femme la possibilité de quitter son mari.

Mais, comme « image de la femme » pendant cette période, l'inconscient collectif n'a guère conservé que le tableau allégorique d'Eugène Delacroix : *La Liberté guidant le peuple.* On y voit Marianne, le buste presque entièrement dénudé, brandir le drapeau tricolore...

Napoléon Bonaparte, lui, quand il travailla à sa « grande œuvre », le code civil, avait en tête Joséphine telle qu'il la voyait : coquette, frivole, infidèle et dépensière. Il n'hésita pas à étendre ce cliché à toute la gent féminine. Ses idées étaient particulièrement « machistes ». On lui doit notamment ces deux perles : « Il faut que la femme sache que, sortant de la tutelle de la famille, elle passe sous celle de son mari. » « Ne devrait-on pas ajouter que la femme n'est point maîtresse de voir quelqu'un qui déplaît à son mari ? » Cette disposition d'esprit explique, sans conteste, pourquoi le Code Napoléon a coulé dans le bronze impérial une étroite subordination des femmes à leur époux !

C'est la IIIe République qui a fait faire aux droits des femmes un premier pas décisif : en votant et en faisant appliquer la loi du 2 mars 1882, dite « loi Ferry », qui rendait l'enseignement gratuit, laïc et obligatoire pour les garçons et les filles. Car la première mesure nécessaire à l'établissement d'une réelle égalité hommes/femmes est l'égalité d'accès à l'éducation et à la connaissance.

Ce n'est pas un hasard si les talibans, par des attentats et des menaces contre les « écoles de filles », font tout pour empêcher les jeunes filles de franchir les portes des établissements scolaires : ils ont bien compris qu'une jeune femme instruite échappera à la dépendance de son mari. Les ayatollahs le savent aussi, comme l'atteste ce propos sans fard d'Ahmad Khatami : « L'Islam respecte les femmes. Mais cela ne veut pas dire qu'on doit leur laisser des positions sociales importantes[1]. »

Après avoir mis fin à la IIIe République et supprimé la République tout court, le régime de Vichy – pas forcément inspiré par le désir de libérer ou de promouvoir la femme ! – décréta par l'instruction du 1er juin 1941 que, « dans l'entraînement physique proprement dit, les exercices peuvent être, pour les filles, les mêmes que pour les garçons. Dans l'initiation sportive, on tiendra compte des légitimes préoccupations des familles, en évitant les exhibitions spectaculaires ; mais, cette réserve faite, les jeunes filles devront être entraînées aux exercices sportifs avec les méthodes utilisées pour les garçons, suivant un dosage approprié ».

Autres décisions étonnantes sous Pétain : la loi du 14 septembre 1941 et la loi du 23 décembre 1942.

Le premier de ces deux textes, légitimant les enfants adultérins, fut une avancée. Jusqu'à cette date, selon l'article 331 du code civil, un père ne pouvait reconnaître un enfant illégitime qu'après être devenu veuf ou après avoir divorcé, et uniquement s'il n'avait pas eu d'enfant lors de son premier mariage.

La loi du 23 décembre 1942 a changé le statut de la femme adultère. Avant sa promulgation, les articles 336

1. Propos tenus par l'ayatollah Ahmad Khatami, en août 2009, quand il a appris que le président iranien Ahmadinejad allait faire entrer trois femmes dans son gouvernement.

et 337 du code pénal faisaient d'elle la délinquante principale et de son partenaire, un simple complice... Le nouveau texte établit le partage égalitaire de la responsabilité du « délit ».

Ce qui s'est passé par la suite, à la Libération et sous la Ve République, fut incontestablement positif : de loi en loi, la place et le rôle des femmes dans la société ont progressivement été admis et institutionnalisés. Leur importance mérite que l'on rappelle avec précision la chronologie de ces libertés conquises :

– loi de 1945 : droit de vote pour les femmes ;

– loi de 1965 : droit pour les femmes d'ouvrir un compte en banque et de devenir chef d'entreprise, sans avoir à obtenir l'autorisation préalable de leur mari [Par la suite, entre 1974 et 1981, Valéry Giscard d'Estaing étendra cette indépendance des femmes : loi « Veil » sur l'interruption volontaire de grossesse, loi sur divorce par consentement mutuel, loi sanctionnant les refus d'embauche et les licenciements en fonction du sexe, loi sur la situation de famille et la grossesse.] ;

– loi de 1975 : l'adultère n'est plus un délit pénal – il l'était auparavant –, mais uniquement au détriment des femmes ;

– loi de 2004 : allongement du délai de prescription en cas de viol lorsque celui-ci a été commis sur une personne mineure par une personne ayant autorité [Nouveau délai de prescription : vingt ans après la majorité de la victime.] ;

– loi du 4 avril 2006 : mise en place d'un dispositif plus efficace concernant les violences faites aux femmes [J'ai été rapporteur du texte, au titre de la délégation aux droits des femmes.] ; mesures concrètes votées :

- inscription du respect comme devoir des époux ;
- reconnaissance de la notion de viol entre époux ;
- éloignement de l'époux fautif.

L'émancipation des femmes ne passe pas seulement par les lois, elle passe aussi par le langage et les mots. Car ils ne sont ni neutres ni innocents. Ils seraient plutôt révélateurs de l'état réel de la condition des femmes.

Il suffit de citer quelques binômes : courtisan/courtisane, homme public/femme publique[2], homme facile/femme facile. Cette mise en parallèle de la version masculine d'un terme avec sa version féminine suffit pour mesurer combien le « vocabulaire féminin » peut être péjoratif là où le « vocabulaire masculin » est valorisant. Éloge systématique de l'homme contre dénigrement permanent de la femme, crédit contre discrédit : faut-il faire évoluer la langue sur un mode volontariste, comme on fait évoluer la loi ?

Au début des années 1980, des féministes eurent l'ambition de féminiser une kyrielle de mots, en commençant par ceux qui désignaient des professions et des

2. Roger Chinaud à François Léotard : « Attention, François, c'est beaucoup plus difficile d'être un homme public que d'être une femme publique ! » *In* Roger Chinaud, *De Giscard à Sarkozy*, L'Archipel, 2009.

titres : pouvait-on parler désormais de « proviseure », de « professeure », d'« écrivaine » ? Fallait-il dire « Madame le ministre » ou « Madame la ministre » ? Dans certains territoires de la Francophonie, en particulier au Québec, la bataille a été gagnée et aucun retour en arrière n'est plus envisageable. En France, la querelle perdure.

À l'époque où elle se déclencha, Maurice Druon prit violemment parti dans un article du *Figaro*. Il y défendit que la langue française compte trois genres : le masculin, le féminin et le neutre ; comme c'est le cas, entre autres, pour le latin, le russe et l'allemand. Mais il précisa que, en français, le masculin et le neutre sont confondus. Autrement dit, un titre au masculin englobe aussi le neutre et peut donc s'appliquer indifféremment aux hommes et aux femmes. L'argument n'a pas convaincu tout le monde : en 1999, un *Guide d'aide à la féminisation des noms, des métiers, titres, grades et fonctions* a été publié par la Documentation française. La polémique n'est pas close...

En 1897, une jeune femme, Jeanne Chauvin, avait souhaité accéder à la fonction d'avocat. À cette époque, pour devenir avocat, « il fallait juste avoir une licence en droit et prêter serment » ; et il n'était pas précisé que le métier était réservé aux hommes ! Jeanne Chauvin avait obtenu sa licence, mais elle fut refusée au motif que les avocats, dans certains cas, pouvaient être appelés à suppléer les juges. Or, pour être juge, il fallait être citoyen doté de ses droits politiques et les femmes n'avaient pas encore le droit de vote... Il fallut attendre qu'une loi fût votée en 1900 pour que la profession d'avocat soit ouverte aux femmes. On parla alors de «femmes avocats», pas d'«avocates»!

L'émancipation des femmes a donc vraiment commencé quand on leur a accordé le droit à l'éducation. À partir de là, elles ont pu accéder au savoir et à tous les diplômes, puis à tous les métiers. Le savoir, la connaissance, les méthodes de travail étant des éléments clés des sociétés modernes, il ne peut y avoir égalité effective entre les femmes et les hommes s'il n'y a pas d'abord égalité d'accès à l'éducation et aux diplômes les plus élevés.

De fait, à partir des années 1970, peu à peu, pour celles qui ne l'étaient pas déjà, les grandes écoles sont devenues mixtes: HEC, les écoles de commerce, les écoles militaires, y compris Polytechnique, etc. Les femmes se sont ainsi retrouvées nombreuses dans les cursus les plus sélectifs. Parfois, elles y sont même devenues majoritaires: à HEC, dans les instituts de sciences politiques, dans les concours d'agrégation, dans les écoles normales supérieures. Résistent encore à cette féminisation: les études scientifiques et les écoles d'ingénieurs où les femmes restent en nette minorité.

Libérées des interdits familiaux (obsolètes!) et des interdictions légales (supprimées!), les femmes ont fini par obtenir des responsabilités et des postes qui, de fait, ont cessé d'être la «chasse gardée» des hommes. Dans le domaine politique, le mot «élu» a également commencé à se féminiser, mais seulement à dose homéopathique. On est en France ! On est encore loin, très loin, d'une véritable parité.

En décembre 2008, dans une interview qu'elle a accordée au journal *Enjeux-Les Échos*, Monique Canto-Sperber, directrice de l'École normale supérieure, a mis en exergue les effets positifs de l'irruption des femmes dans l'espace public : « Plus les sociétés sont féminisées et plus elles sont pacifiques. [...] [La promotion des femmes] marque une diminution, dans nos sociétés occidentales, de la violence sociale et politique ainsi que de l'usage de la force. Il est cependant difficile de définir quel rôle les femmes ont joué dans la pacification des relations sociales et politiques. »

Cette longue et lente évolution historique permet de mieux comprendre la situation actuelle.

En quelques siècles, les femmes sont passées des coulisses à l'avant-scène de l'histoire. Une minorité d'hommes, lucides et actifs, les ont accompagnées dans ce combat.

Aujourd'hui, si elles sont devenues des actrices de l'histoire, elles sont encore cantonnées, la plupart du temps, dans des seconds rôles. Ce qui, à la longue, finit par être un peu lassant. Leur lutte pour accéder aux commandes est loin d'être achevée.

Pourquoi si peu de femmes à la tête des entreprises ou dans leurs organes de direction ? Pourquoi, à l'exception de quelques « stars », si peu de femmes à un niveau de hautes responsabilités politiques ? Quels remèdes proposer ?

Le fait de ne pas accéder à tel ou tel poste peut sembler bien peu de chose comparé aux terribles violences subies par les femmes, et telles qu'évoquées précédemment. Mais toute discrimination est bel et bien une violence !

Les discriminations dont les femmes font l'objet dans les carrières et les fonctions constituent une violence particulièrement insidieuse. Elles reviennent à les empêcher systématiquement de prétendre aux mêmes ambitions que les hommes. C'est-à-dire qu'on continue, sur ce terrain, à les considérer et à les traiter en permanence comme des êtres inférieurs ou incapables. Si ce n'est pas de la violence, qu'est-ce ?

Entre foyer et bureau : les principaux obstacles à la promotion des femmes

En ce début de XXIe siècle, dans le monde du travail et des responsabilités, la promotion des femmes bute sur deux obstacles principaux.

Le premier concerne la famille et l'éducation des enfants. Les solutions à disposition sont très souvent insuffisantes ou mal adaptées. Je plaide, dans ce domaine, pour la création de crèches d'entreprises ou interentreprises qui a le mérite d'ajouter des financements issus des entreprises aux financements habituels des collectivités locales. Grâce à ces financements supplémentaires, un plus grand nombre d'établissements peuvent être ouverts.

Ces créations de crèches apportent aux femmes une souplesse horaire et une disponibilité professionnelle évidentes. Lorsque je travaillais au cabinet du ministre de l'Intérieur, déjà mère de deux jeunes enfants, j'ai créé la toute première crèche dudit ministère.

Le second obstacle, en particulier dans les grandes entreprises et dans certaines administrations (le corps préfectoral, le milieu diplomatique, etc.), est l'obligation de mobilité géographique. Aucune grande entreprise n'envisage désormais de promouvoir à un poste de direction quelqu'un(e) qui aurait fait sa carrière uniquement à Paris et qui ne serait pas biculturel(le), voire triculturel(le). Car telle est la rançon de la mondialisation, qui concerne aussi bien les ventes que les achats, la technologie que les capitaux : dans tous les secteurs des entreprises, il faut « bouger », il faut être mobile.

Les femmes, comme les hommes, si elles veulent « faire carrière », ne peuvent pas échapper à la mobilité professionnelle. Cette obligation ne peut que provoquer des conflits : qui doit suivre qui, pour aller « ailleurs » ou au bout du monde ? Quel choix fera au final un couple enfermé dans un tel dilemme ? La carrière de la femme ne sera-t-elle pas, une fois de plus, sacrifiée au profit de celle de l'homme ?

Les clichés féminins : compréhension, douceur, pragmatisme... Atout ou entrave ?

N'y aurait-il pas quelques avantages à voir enfin les femmes accéder à des postes de responsabilité aussi souvent que les hommes ? Sans tomber dans certains clichés faciles, n'est-il pas généralement admis que les femmes ont, plus que les hommes, le souci du concret, qu'elles écoutent et admettent davantage les critiques, et qu'elles sont moins préoccupées par leur ego ?

Un certain nombre de chercheurs en neurosciences considèrent que, contrairement à ce que pense une large majorité des gens, le cerveau gauche est plus développé chez les femmes et le droit chez les hommes. Ainsi, la femme serait plus portée sur la communication alors que l'homme serait plus concentré sur l'action et sur la compétition. La femme serait plus douée pour mémoriser les objets, le concret, alors que l'homme serait plus porté sur l'abstraction, les repères spatiaux.

Cette mise en catégories a un double défaut : elle généralise[3] excessivement ; elle peut aussi être utilisée contre les femmes pour les cataloguer ou les cantonner dans telle ou telle fonction. Une compartimentation aussi rigide frise la caricature.

Un téléfilm, que j'ai regardé un soir, en est la parfaite illustration. *L'État de grâce* – c'est son titre – mettait en scène

3. Voir les thèses avancées dans les ouvrages de Boris Cyrulnik, Serge Ginger, Allan et Barbara Pease.

la première femme française présidente de la République. En soi, cette idée et ce scénario n'avaient rien pour me déplaire. Mais ce film véhiculait une image insupportable de la femme : il montrait une présidente qui n'était jamais maître d'elle-même, ni à la hauteur de son mandat ; elle était sans cesse envahie et débordée par des préoccupations d'ordre personnel. Une fois, un de ses collaborateurs venait lui apporter les résultats de son test de grossesse en plein Conseil des ministres ; une autre fois, ses nerfs lâchaient et elle se réfugiait chez son chauffeur...

Là, dans ce téléfilm, on était en plein dans les clichés féminins habituels, ceux qui servent sempiternellement à rabaisser les femmes. Certes, c'était une fiction, mais elle renvoyait à une réalité envisageable, sinon probable ! Alors, pourquoi une femme présidente ne pourrait-elle pas distinguer clairement – aussi bien qu'un homme ! – ce qui concerne sa vie privée de ce qui relève de son mandat ? Comme si une femme, « par nature », était condamnée à faire cet amalgame entre existence privée et vie professionnelle ! Encore un postulat sans fondement ! Encore un préjugé idiot !

Ce téléfilm a été d'autant plus néfaste, à l'encontre des femmes et de leur image, qu'il a été diffusé sur une chaîne nationale à une heure de grande écoute.

Quand je repense à cette fiction télévisée, me reviennent en mémoire, en parallèle, des propos de Pierre Bourdieu. Précisément ce qu'il dit quand il remarque que la « domination masculine » se manifeste à tout moment à travers quantité d'actions automatiques que nous produisons depuis plusieurs millénaires : « Un nombre infini de petits actes inconscients qui perpétuent une tradition selon laquelle l'homme travaille, réfléchit et la femme s'occupe du quotidien, du foyer, des enfants. »

Bourdieu ne fait que constater, mais tout est dit : les grands rêves de grandes fonctions ne sont pas pour la femme ; et, quand bien même elle parviendrait aux plus hauts échelons, sa casquette de femme au foyer en charge des questions matérielles l'empêcherait aussitôt d'être à la hauteur de sa fonction ! Il est grand temps de se défaire de ce genre de présupposés.

J'ai vu l'émancipation de la femme se faire au sein de ma famille.

Ma mère était issue d'une famille bourgeoise où la femme, en principe, ne travaillait pas. Mais, après son bac, à la fois mue par un désir d'émancipation, de sortir de l'ordre habituel, et attirée par le milieu médical, elle décida de s'inscrire en faculté de médecine. Nous étions dans les années qui précédent la Seconde Guerre mondiale. À cette époque, très peu de femmes faisaient des études supérieures. Elle était décidée à s'accrocher. La pédiatrie correspondait à ses souhaits. Elle se retrouva dans le service d'un très grand médecin : le professeur Robert Debré, père de Michel Debré, Premier ministre du général de Gaulle ; grand-père de Jean-Louis Debré, président du Conseil constitutionnel, et de Bernard Debré, professeur de médecine et député de Paris. Elle a exercé son métier jusqu'à sa retraite.

Ma mère a bénéficié d'une évolution qui n'est pas terminée. Qui doit se poursuivre : on pense encore trop peu, ou même pas du tout, aux femmes lorsqu'un poste clé est en vue dans une entreprise toujours dirigée par des hommes. On « oublie » les candidatures féminines !

La femme dans la sphère politique : une parité embarrassante

Dans la sphère politique, la place concédée aux femmes n'a rien d'enthousiasmant. Depuis la Révolution de 1789, quelles femmes ont marqué la vie politique française ? Quelles femmes sont restées ou resteront dans l'histoire ? Simone Veil, peut-être...

Le premier vrai tournant en faveur de la parité hommes/femmes a été pris par Valéry Giscard d'Estaing. Il a fait un effort considérable pour promouvoir les femmes. Il n'a pas fait ce choix par simple réalisme politique, parce que l'électorat féminin représentait désormais plus de 50 % du corps électoral. Ce fut, de sa part, la traduction d'une vraie conviction : « Souvent, les femmes sont supérieures aux hommes. Parce qu'elles sont branchées sur la vie, alors que les hommes le sont sur eux-mêmes. Ils ont du mal à sortir de leur posture d'égoïsme et de vanité[4]. »

4. Valéry Giscard d'Estaing, interview publiée dans *Le Point*, 24 septembre 2009.

Au gouvernement apparurent Simone Veil, Monique Pelletier, Françoise Giroud et d'autres. Françoise Giroud avait dit : « Il y aura une véritable parité hommes/femmes le jour où l'on nommera une femme incompétente à un poste important. » Il y eut donc des « échecs ». Ils étaient prévisibles, inévitables : à l'époque de la présidence de Valéry Giscard d'Estaing, il n'existait aucun vivier politique féminin. La preuve : quand elles ont été nommées ministres, Simone Veil, Monique Pelletier et Françoise Giroud n'avaient jamais été élues.

Il y eut inévitablement des réactions d'hostilité à ces nominations. Un député alla même jusqu'à déclarer qu'il ne voyait pas quels étaient les diplômes ou qualifications qui autorisaient Françoise Giroud à être ministre. Cinglante, elle répondit : « Je suis agrégée, je suis agrégée de vie... » Belle réponse !

J'éprouve toujours une vive reconnaissance pour Michel Poniatowski. En 1973, lorsqu'il devint ministre de la Santé, il me trouva dans le cabinet sortant, celui de Jean Foyer où je m'occupais des relations avec la presse. Il me proposa de prendre en charge les relations avec le Parlement, ce que j'acceptai avec joie.

Quelques mois plus tard, après le décès de Georges Pompidou, Valéry Giscard d'Estaing fut élu président de la République et Michel Poniatowski nommé ministre d'État, ministre de l'Intérieur. Les lois de décentralisation n'existaient pas encore et le ministre de l'Intérieur était particulièrement puissant. Michel Poniatowski m'emmena avec lui et je devins, dans son cabinet, « conseillère technique en charge du Parlement ». J'avais 26 ans et à peine plus de deux années d'expérience en cabinet ministériel. C'était une vraie rupture et un sacré pari.

Lorsque je me suis installée dans mon bureau et durant mes premiers jours de présence au ministère de l'Intérieur, j'ai remarqué les regards très étonnés des huissiers : ils se demandaient ce que je venais faire là. C'était la première fois qu'une femme occupait ce poste ! C'était une petite révolution. Ce fut pour moi une grosse contrainte : je devais réussir malgré la maternité, malgré les charges de famille (deux naissances) ; je devais réussir malgré la lourdeur de la tâche. Le climat politique ambiant n'arrangea rien : très vite, Valéry Giscard d'Estaing et ses proches se heurtèrent à l'hostilité ouvertement « machiste » d'une grande partie de ceux qui constituaient sa majorité au Parlement.

Un peu plus tard, Christian Bonnet succéda à Michel Poniatowski. Je suis restée au cabinet du nouveau ministre avec les mêmes fonctions. Je me souviens très bien : Giscard d'Estaing harcelait régulièrement Bonnet pour qu'il lui propose le nom d'une femme qu'il pourrait nommer préfet... Nommer une femme préfet ! Ce serait une première ! Ce n'était pas si facile : s'éloigner de Paris, sacrifier sa vie familiale. Qui accepterait ? Christian Bonnet trouve Yvette Chassagne qui fut nommée préfet du Loir-et-Cher.

Après, dans l'armée, une autre femme fut élevée au grade de général : Valérie André. Encore une « première fois » ! Et, par la suite, François Mitterrand nomma nombre de femmes à des postes de premier plan : Martine Aubry, Élisabeth Guigou, Marilyse Lebranchu, Ségolène Royal. Édith Cresson devint même Premier ministre : la première femme Premier ministre dans l'histoire de la République.

À vrai dire, ces arbres n'ont jamais caché et ne cachent toujours pas une épaisse forêt. Car, de forêt, il n'y a pas ! C'est tout le problème des femmes en politique, aujourd'hui : leurs rangs sont plutôt clairsemés ; le réservoir des talents féminins est loin de déborder.

On peut espérer que ce réservoir trop vide puisse se remplir, peu à peu, au fur et à mesure des effets produits par la parité. C'est sans doute des communes que viendra d'abord la féminisation de la politique : les élections municipales au « scrutin de liste » imposent dorénavant la parité au sein des listes. Mais, pour les autres scrutins, les élections étant uninominales, la parité n'a pas encore gagné !

L'UMP ne brille pas dans ce domaine : à l'Assemblée nationale, jusqu'en 2009, aucune présidence de commission n'a été confiée à une femme. On compte seulement 4 femmes (4 UMP, aucune socialiste !) sur 50 parmi les membres de la plus prestigieuse des commissions, celle des Finances, seulement 41 députés femmes sur 310 députés UMP. Soit 13,2 % de femmes. Nous étions 10,6 % en 2002. Le progrès est bien lent et les 50 % sont encore loin !

Il faut reconnaître, toutefois, qu'il n'est facile pour aucun parti, et encore moins pour le parti au pouvoir qui comptabilise le plus grand nombre d'élus sortants, de dire à un député homme et sortant de ne pas se représenter et de laisser sa place à une femme. Et comment ne pas réinvestir un député sortant auquel on n'a rien à reprocher, pour présenter une femme à sa place ? Le risque serait grand de voir les électeurs désapprouver la manœuvre et sanctionner la candidate dans les urnes...

En conséquence, à gauche comme à droite, on présente surtout des femmes contre les élus sortants du camp opposé. C'est-à-dire quand les candidates n'ont que de faibles chances de victoire ! Ce fut mon cas.

Je reconnais à Nicolas Sarkozy, après son élection à la présidence de la République, l'immense mérite d'avoir composé son premier gouvernement en respectant scrupuleusement la parité hommes/femmes pour les postes de ministres de plein exercice : il a confié à des femmes, souvent novices à ce niveau de responsabilité, des ministères régaliens.

Il n'en va pas de même au sein du parti du président. L'UMP compte seulement 2 femmes – Michèle Alliot-Marie et Nathalie Kosciusko-Morizet – dans l'équipe dirigeante, seulement 8 femmes sur 22 conseillers politiques et seulement 10 secrétaires nationales sur les 39 titulaires.

Apparemment, pour certains, les femmes ne sont toujours pas les bienvenues en politique ! Valérie Pécresse, par exemple, ministre de l'Enseignement supérieur et candidate à la présidence de la région Île-de-France, ne goûte guère la manière dont elle est trop souvent traitée : « Si une femme n'a pas de mise en pli parfaite, elle est critiquée. Si elle n'a pas la bonne voix, *idem*. Et je sais bien que mes adversaires m'appellent "la blonde". » Cécile Duflot, secrétaire nationale des Verts, a témoigné dans le même sens : « Il y a sept ans, quand je me suis présentée à la direction des Verts, un homme, membre de mon courant, a déclaré : "On ne va tout de même pas choisir une mère de famille[5] !". »

Pour lutter contre ce problème de la discrimination en politique, je suis favorable à l'élaboration, puis à l'application d'un plan mûrement réfléchi : il proposerait des objectifs précis et des étapes raisonnables ; il inclurait des sanctions financières renforcées à l'encontre des partis politiques qui dérogent aux règles de la parité. Par exemple, pour les élections législatives de 2012, on pourrait fixer pour chaque parti un objectif de 30 % de femmes élues – pas seulement un quota de candidates ! – par rapport au nombre total de ses élus. On pourrait aussi introduire l'obligation de parité dans les bureaux des intercommunalités.

À ma connaissance, il existe quand même un secteur qui est en passe de devenir un exemple en matière de parité : la police. C'est le cas dans mon département de Seine-et-Marne : le « patron » de la police, à la tête de la DDSP (Direction départementale de la sécurité publique), est une « patronne » ; le district de police

5. Interviews de Valérie Pécresse et de Cécile Duflot sur le site challenge.fr, 15 octobre 2009.

de Torcy est chapeauté par une femme, commissaire divisionnaire ; trois des quatre commissariats de ma circonscription sont dirigés par des femmes.

Plusieurs éléments ont pu jouer qui ont favorisé cette féminisation de la police : sans doute, la levée de certains tabous illustrée par des réussites comme celles de Martine Monteil[6] ; peut-être également, tous les films et tous les feuilletons télévisés qui, depuis quelques années, montrent des « femmes flics » sous un jour nouveau et dans des rôles positifs.

Entreprise : un nom féminin pour un concept masculin

Comparé à celui de la politique, l'état des lieux des entreprises ne vaut guère mieux. On pourrait même dire que la parité hommes/femmes semble être le cadet des soucis des patrons et des responsables syndicaux des salariés.

En France, selon une enquête du cabinet Heidrick & Struggles Paris, dans les plus grosses sociétés, celles du CAC 40, 12 % de femmes[7] seulement siègent dans les conseils d'administration. Un certain nombre de pays

6. Première femme nommée « patronne » de la brigade criminelle. Elle est ensuite devenue préfet.

7. Mais, selon l'étude Ernst & Young 2009, si l'on exclut les femmes présentes au titre de la représentation syndicale, le pourcentage est de 9 % seulement.

ont pris des mesures radicales pour inverser la tendance : ils ont instauré des quotas.

En Norvège, il est obligatoire que 40 % de femmes siègent au conseil d'administration d'une entreprise dès que celui-ci dépasse un effectif de neuf personnes. Et, en cas de non-respect de ce quota, la sanction tombe : la dissolution de la société est prononcée ! Le Canada et l'Espagne ont pris des dispositions identiques. L'Espagne a prévu que le quota atteindrait 40 % en 2015.

Le conseil d'administration est un organisme décisif pour la mise en place de la parité au sein d'une société : le plus souvent, il inclut les comités de rémunération et de nomination de l'entreprise. Le poids de la représentation des femmes en son sein est donc susceptible de faire évoluer en profondeur le rôle des femmes dans l'entreprise.

De très nombreux rapports sur la question ont été publiés : Brigitte Grésy, de l'inspection générale des Affaires sociales, en a rédigé un en juillet 2009. Ma collègue Marie-Jo Zimmermann aussi : le sien a contribué à faire sauter le verrou du Conseil constitutionnel et à faire inscrire la parité dans la Constitution de la Vᵉ République. Ladite Constitution précise désormais que « la loi favorise l'égal accès des femmes et des hommes aux responsabilités professionnelles et sociales ».

La moitié des plus grandes entreprises françaises, toujours celles du CAC 40, ne compte aucune femme dans leur comité exécutif. Au début de l'année 2009,

200 entreprises seulement avaient signé un accord professionnel sur la mixité.

Rien ne bouge, ou pas grand-chose. À l'horizon, aucun signe d'évolution favorable à la parité ! On aurait pu penser que la crise provoquerait une réflexion sur la place et le rôle des femmes dans les entreprises. Car beaucoup estiment que les femmes sont plus prudentes et auraient réagi différemment aux signes d'alerte répétés. Mais, rien n'est venu !

Pourtant, aux États-Unis, le cabinet Catalyst a démontré que les entreprises du classement « Fortune 500 » – classement recensant les 500 plus grosses entreprises américaines – qui avaient le pourcentage de femmes le plus élevé dans leur conseil d'administration obtenaient de meilleurs résultats financiers que les autres[8].

En France, la loi votée en 2001 a confirmé l'obligation instaurée en 1983 : les entreprises de plus de 50 salariés doivent rédiger chaque année un RSC, un « rapport sur la situation comparée » des hommes et des femmes dans l'entreprise. La situation de la parité ne s'améliore pas pour autant. Pour le dire plus crûment, elle régresse.

En 2008, d'après une enquête Capitalcom réalisée auprès des sociétés du CAC 40, les femmes qui occupaient des postes de cadre dans l'ensemble de ces sociétés ne représentaient plus que 25,7 % de l'encadrement : l'année d'avant, elles étaient encore 27,6 %.

---

8. Cité par Yann Le Galès, *Le Figaro*, 28 septembre 2009.

Dans la même période, selon les chiffres publiés par l'INSEE pour l'année 2007, les femmes dirigeantes gagnaient 32 % de moins que leurs homologues masculins. Ce différentiel peut s'expliquer pour partie par le petit nombre de femmes présentes à la direction de grandes entreprises.

Autre indication : 46 % des entreprises du CAC 40 n'ont aucune femme dans leur comité exécutif[9]. Le terme « comité exécutif » n'est pas normalisé : il correspond à des réalités très différentes selon les groupes considérés et selon le nombre de participants qui le composent. Mais, de toute façon, les mauvais élèves du CAC 40 sont en nombre et méritent d'être montrés du doigt. C'est le cas des groupes « machos » qui ne comptent aucune femme dans leur comité exécutif : Total, Vivendi, le directoire d'Axa, BNP-Paribas, Vinci, Pernod Ricard, Saint-Gobain, Accor, etc. C'est aussi le cas de ceux qui n'ont élu aucune femme dans leur conseil d'administration : Cap Gemini, EADS, Vallourec, Veolia Environnement... Ils auraient intérêt à corriger le tir au plus vite.

Selon une étude effectuée par Ipsos[10] auprès des diplômés des grandes écoles (Polytechnique, Centrale, Mines, ENA, HEC, ESSEC...), 87 % de ces diplômés

---

9. Quatrième enquête Capitalcom citée dans *Les Échos*, 6 mars 2009.

10. Étude commandée par l'association Grandes Écoles au féminin (présidée par Clarisse Perotti-Reille).

reconnaissent qu'il existe une différence de traitement entre les hommes et les femmes qui ambitionnent d'accéder au « top management ». On parle d'une différence de traitement au détriment des femmes, bien sûr ! Et si, globalement, 55 % de cette élite se déclare favorable à la mise en place de quotas au sein des conseils d'administration, les hommes diplômés ne sont que 44 % à en être partisans. Sans commentaire !

En octobre 2008, le très sérieux et très réputé cabinet Mc Kinsey a publié une étude sur les liens entre la performance financière des entreprises et leur performance organisationnelle. Neuf comportements caractérisent la performance organisationnelle et permettent de l'évaluer. Conclusion de l'étude Mc Kinsey : « Les femmes pratiquent plus souvent que les hommes cinq de ces neuf comportements et contribuent ainsi à améliorer la performance organisationnelle. » Pourtant, 8 % seulement des entreprises de plus de 1 000 salariés sont dirigées par des femmes...

Autre étude intéressante : elle a été publiée par l'organisme Equality and Human Rights et porte sur les rémunérations de la City de Londres. Elle montre que les bonus des femmes traders sont en moyenne inférieurs de 80 % à ceux des hommes. Sur la place de Paris, il n'y aurait, parmi les traders, que 3 % de femmes. Question de testostérone ? Aversion pour le risque plus forte chez les femmes ? Moindre agressivité ? Il y a sans doute un peu de tout cela.

Laurence Parisot a raison : ce sont bien l'action et les initiatives des femmes elles-mêmes qui permettront de mettre en place une parité saine et durable. Elles ont néanmoins besoin de quelques « coups de pouce » législatifs. C'est particulièrement vrai pour la représentation des femmes au sein des conseils d'administration.

Je préconise donc le vote d'une loi qui établirait un quota de 40 % de femmes dans les conseils d'administration des grandes entreprises du CAC 40 d'ici à six ans. Le texte de la loi pourrait décliner une gradation dans la mise en place d'une telle mesure : un quota de 20 % de femmes à court terme ; puis un quota de 40 % à moyen terme, disons à quatre ans. Et les entreprises du SBF 120 se verraient appliquer les mêmes règles avec un décalage de deux ans. Mais, comme Laurence Parisot, je pense qu'il serait dangereux d'étendre une telle législation à toutes les entreprises cotées en Bourse : un certain nombre d'entre elles, de plus petite taille, risqueraient d'être mises en difficulté.

Sur cette question des quotas, Nathalie Kosciusko-Morizet avance que « la démarche différentialiste est une impasse. De même que la démarche purement arithmétique sur la parité[11] ». Je serais plus nuancée, car force m'est de constater que les bons réflexes ne viennent pas d'eux-mêmes : les quotas ne sont pas une façon de régler

11. Nathalie Kosciusko-Morizet, interview publiée dans *Le Monde*, 31 octobre 2009.

le problème de la représentation des femmes mais une façon de lui donner un premier élan positif.

Les quotas servent à « donner l'exemple ». On pourra, en les imposant dans les conseils d'administration des très grandes entreprises, franchir une étape importante.

La question de la présence de femmes dans les comités exécutifs des entreprises se pose différemment. Car, selon les groupes, il y a de grandes variations dans l'importance numérique, le rôle et la composition de ces comités exécutifs. Et il faut tenir compte du métier de l'entreprise : on remarque ainsi sans surprise que les entreprises à culture « d'ingénieurs » sont plus que d'autres en retard pour la représentation des femmes dans leurs comités exécutifs. On peut l'observer chez Vallourec, PSA, Bouygues, Alstom, Lafarge, EDF, Total et quelques autres.

Il serait bon, dans une première étape, d'émettre une recommandation visant à faire aligner la proportion des femmes présentes dans un comité exécutif sur le pourcentage de femmes cadres travaillant dans l'entreprise.

Judicieusement, Laurence Parisot suggère de prévoir le lancement d'une vaste campagne de communication qui viendrait renforcer les dispositions législatives. Des spots télévisés de sensibilisation montreraient l'absurdité des réflexes discriminatoires au sein des instances dirigeantes des entreprises : une femme à qui l'on refuserait *de facto* l'accès au sein du comité d'administration ou du comité exécutif, un patron qui licencierait son employée dès qu'elle afficherait son envie de promotion, etc.

Cette campagne pourrait être conçue et réalisée dans le même esprit – la violence des images en moins – que l'ont été les campagnes pour la prévention routière ou contre les violences conjugales. L'État, les syndicats de salariés et le patronat pourraient s'y associer. Elle pourrait toucher des femmes qui finiraient par se dire : « Pourquoi pas moi ? » D'un sujet encore peu médiatisé, elle contribuerait à faire une cause reconnue.

Parallèlement à une telle campagne, il serait pertinent d'inventer un label de « non-discrimination » : il serait accordé aux entreprises qui signeraient une charte en ce sens ; son respect serait contrôlé par un organisme indépendant, par exemple par la HALDE (Haute Autorité de lutte contre les discriminations et pour l'égalité).

Toutes les enquêtes sur la discrimination dans les carrières et les salaires font les mêmes constats : à emploi équivalent, les femmes sont toujours moins bien rémunérées que les hommes.

Selon une étude effectuée en 2007 par Ipsos, pour l'association Grandes Écoles au féminin, un écart salarial de 18 % en moyenne apparaît pour le premier emploi. 18 % de moins pour les jeunes femmes, évidemment.

Une enquête du CNISF (Comité national des ingénieurs et scientifiques de France) indique que les salaires médians des femmes ingénieurs de moins de 30 ans sont inférieurs de 7 % à 11 % à ceux des hommes.

Il existe d'autres données, d'autres aspects des inégalités hommes/femmes que ces enquêtes ne peuvent pas quantifier, mais qui ont pourtant des conséquences négatives sur le niveau de rémunération des femmes. À savoir que :

– le travail à temps partiel est plus répandu chez les femmes que chez les hommes, y compris chez les femmes cadres ;

– un certain nombre de femmes, après la naissance de leurs enfants, s'arrêtent de travailler durant quelques années (ce qui n'est pas sans incidence sur leur salaire et le déroulement de leur carrière) ;

– le taux de féminisation des filières scientifiques est faible (25 % de femmes seulement sont admises dans les classes préparatoires aux grandes écoles d'ingénieurs et, consécutivement, elles sont quasiment absentes des hauts postes dans les grandes entreprises à fort contenu technologique) ;

– une très forte proportion de femmes diplômées de grandes écoles (deux fois plus que chez les hommes) choisit la fonction publique, secteur qui offre des salaires plus faibles ;

– le refus, chez les femmes, de partir en province ou à l'étranger (le plus souvent pour des raisons de couple ou de famille) empêche bien des promotions.

Seules des études ciblées permettraient d'évaluer les retombées négatives de tous ces facteurs qui différencient les hommes des femmes. Et, par là même, de mesurer ces discriminations supplémentaires que subissent les femmes : des discriminations qui ne sont pas prises en compte ou qui sont considérées à tort comme étant inhérentes à la condition féminine, donc « normales ». Sont-elles pour autant acceptables ?

Agir sur de tels phénomènes de discrimination, pour les réduire, n'est pas simple : les femmes mettent parfois longtemps avant de prendre conscience de la réalité de la discrimination qui leur est infligée. Comme elle l'a raconté, Laurence Parisot n'a pas compris tout de suite qu'elle était victime de misogynie ; elle était convaincue que les problèmes qu'elle rencontrait venaient d'elle...

Il faut veiller à mener la lutte contre les discriminations de façon progressive et constructive : des mesures trop brusques risqueraient de produire un effet boomerang et d'entraîner une régression qui est à éviter à tout prix. C'est ce qu'a souligné Chantal Delsol, dans l'article intitulé « Vous avez dit discrimination » qu'elle a fait paraître dans *Le Figaro :* « Il est très humain de vouloir expliquer un refus qu'on vous oppose par un mépris caché – si je n'ai pas été choisi(e), c'est parce que j'étais une femme ou un Noir – et la raison impose de chercher d'abord les motifs véritables avant de se laisser aller à la colère victimaire. »

Nous venons de subir la plus grande crise économique mondiale depuis 1929. Pour répondre à ce choc, ne devons-nous pas revoir notre conception du monde ? Des remises en question sont nécessaires : l'une de nos « révisions » ne pourrait-elle pas consister à repenser et à modifier la place et le rôle des femmes en politique et dans l'entreprise ? Alors, d'un mal surgirait un bien.

Mais, comme dans le passé, l'émancipation des femmes ne s'étendra pas à tous les secteurs de la société, en particulier à leur vie professionnelle, si elles ne « foncent » pas les premières : « Il faut désormais que plus de femmes prennent elles-mêmes les choses en main, en particulier au sein des jeunes générations[12]. »

12. Interview de Laurence Parisot, 26 octobre 2009 (voir Annexe 2, page 231).

Conclusion

Partout où l'homme a dégradé la femme,
il s'est dégradé lui-même.
Charles FOURIER

« La violence est le dernier refuge de l'incompétence[1] », disait Isaac Asimov, scientifique et écrivain américain, mort à New York en 1992. Considérée dans ses manifestations antiféminines, la violence est le résultat d'une incapacité à concevoir et à percevoir la femme autrement que comme un être inférieur, désigné péjorativement et définitivement par deux mots associés : « sexe faible ». Pour tous les machos du monde, entité humiliante vaut identité !

Quelle que soit la manière dont elle est déclinée, la violence contre les femmes est toujours l'expression d'une volonté d'inégalité entre les deux sexes : la femme est mise en dessous de l'homme. Comme si son destin était, inexorablement, d'être écrasée ou déconsidérée !

Qu'il s'agisse de la victime de violences coutumières, issue d'un pays que l'on pense lointain, mutilée, bafouée, dissimulée pour la seule raison qu'elle est femme, ou qu'il s'agisse de celle que l'on viole et torture dans le seul but d'aiguiser la curiosité d'une kyrielle d'internautes,

1. Isaac Asimov Foundation, Gnome Press, 1951.

c'est toujours la même volonté de nier l'intégrité de la femme qui s'exprime.

Une habitante de ma circonscription, ancienne victime de violences conjugales, m'a dit un jour que frapper une femme, c'est comme frapper un enfant : « C'est facile, elle ne peut pas se défendre ! »

Ce désavantage de la femme explique sans doute pourquoi la majorité des actes de violence vise les femmes : un homme qui bat sa compagne peut être sûr de satisfaire sa volonté de domination.

Je ne saurais dire dans quelle mesure cette inégalité physique entre la femme et l'homme nourrit le préjugé masculin de la prétendue infériorité psychique des femmes et consolide chez l'homme sa vision macho de la femme comme être inférieur, mais une évidence s'impose : la violence exploite toujours la faiblesse.

Mais cette violence spécifique qu'est la violence contre les femmes n'est pas seulement l'expression de « la raison du plus fort ». Elle provient, en plus, de l'inaptitude intellectuelle et culturelle de certains hommes à considérer la femme comme leur égale et la mixité des sexes comme la source d'une complémentarité fondatrice. Cette inaptitude traverse, hélas !, les générations. Aujourd'hui, certaines jeunes filles acceptent le principe de la soumission aux hommes : les enseignants de ma circonscription ont remarqué ce phénomène nouveau et inquiétant.

Paul Guth disait que « les mentalités sont plus difficiles à changer que l'ordre politique[2] ». Ce sont pourtant bien

2. Paul Guth, *Lettres à votre fils qui en a ras le bol*, Livre de poche, 1978.

elles qu'il faudrait changer en premier ! Les campagnes de sensibilisation y participent, elles doivent continuer. Mais nous avons, en plus, besoin d'exemples. Les femmes elles-mêmes doivent s'engager de façon positive et constructive. Loin d'un féminisme agressif qui ferait penser que la femme n'a aucun besoin d'une présence masculine, voire qu'elle se porte mieux en l'absence de l'homme, elles doivent contribuer à éduquer à la mixité et à la multiplication des possibles qu'une union égalitaire des deux sexes engendre.

Si la violence contre les femmes n'en finit pas de perdurer, c'est aussi parce que nous avons du mal à en accepter la dure réalité, parce que nous avons plutôt tendance à lui tourner le dos et à faire comme si elle n'existait pas. On la pense toujours ailleurs, toujours plus lointaine, toujours chez l'autre et jamais chez soi. À tel point que, lorsqu'elle se produit chez un voisin de palier, une amie ou peut-être même dans son propre foyer, on la rejette au point de ne pas la voir.

Plusieurs fois au long de ce livre, je n'ai pas hésité à critiquer certains comportements – tel le relativisme culturel – qui consistent à ne pas prendre la violence pour ce qu'elle est, sous prétexte qu'elle se situerait au-delà des limites de notre champ d'action, et qu'elle dépasserait nos capacités d'intervention et de riposte. Ce n'est pas forcément par lâcheté ou par égoïsme que d'aucuns se conduisent ainsi. Il peut s'agir d'un réflexe de sauvegarde ou de protection, assez fréquent, qui consiste à éloigner de soi une adversité ou une difficulté pour qu'elles ne vous atteignent pas... Mais, c'est seulement en admettant que le problème existe que l'on pourra endiguer, un jour, ce phénomène de violence.

Sans l'aide et le soutien de la famille ou d'amis proches, la femme victime de violences se retrouve isolée. Elle est seule avec son drame. C'est ce qui se produit dans la majorité des cas. Cette dure réalité, je l'ai connue sur le terrain. Ce terrain fut pour moi celui de ma circonscription.

Au fil du temps, je me suis prise de passion pour cette circonscription, pour ses villes et ses villages. Pour cette terre qui s'est urbanisée à grande vitesse, comme pour effacer son passé qui fut baigné du sang des ultimes défenseurs qui firent face aux envahisseurs convergeant vers Paris, souvent, trop souvent : 1814, 1870, 1914, 1918. Pour cette terre qui a été pour tous ceux-là, pour ces hommes et ces femmes qui voulaient s'opposer à l'agresseur, l'ultime espoir, la pensée suprême.

À l'image de l'Île-de-France, ma circonscription est d'autant plus enrichissante qu'on y rencontre les situations les plus diverses, des expériences positives aux calvaires quotidiens, des familles heureuses aux foyers détruits.

Oui, dans ma circonscription, on est parfois loin des préoccupations de la parité en politique ou de la présence des femmes dans les conseils d'administration des entreprises. Les détresses sont grandes. Arriver à soustraire quelques dizaines d'euros des prestations sociales pour nourrir ses enfants, ne connaître que le 115 et les logements d'urgence, vivre dans la clandestinité et dans l'impossibilité de gagner sa vie. Ces réalités semblent marginales : elles sont pourtant le lot commun de nombreuses femmes qui viennent demander de l'aide, à moi comme aux associations. Nous sommes une terre d'accueil mais, hélas !, nous ne pouvons accueillir tout le monde. De cette incapacité découlent ces calvaires racontés au long de cet ouvrage. Il se trouve que, dans cette clandestinité, les femmes s'en sortent moins bien que les hommes.

Au fil de mon mandat, j'ai toujours été surprise de constater avec quelle détermination les habitantes de ma circonscription se battent pour faire face à des difficultés parfois inextricables. J'ai donc rédigé cet ouvrage en pensant à ce territoire – devenu mon territoire –, à toutes celles et tous ceux que je ne peux citer et qui m'ont fait tant de bien : une aide pour les multiples tâches matérielles, un réconfort lorsque j'avais un moment de faiblesse, quelques gestes pour me remercier d'avoir résolu un problème, quelques mots de « bonne chance » les soirs de réunions électorales. J'emportais ces mots au fond de moi-même, tandis que je traversais les villages endormis pour rentrer chez moi. J'oubliais la fatigue de la journée et le lot des petites et des grandes trahisons.

Combien de fois, lors de ces moments pénibles, j'ai également pu réaliser la chance que j'avais d'avoir autour de moi une famille unie et solidaire ! Elle a toujours été, « face aux prospérités changeantes du temps[3] », le

3. Poème anonyme, que l'on peut lire sur www.ipernity.com

seuil au-delà duquel rien ne pouvait m'atteindre. C'est aussi pour elle – la famille – que j'ai voulu me battre. J'ai toujours pensé qu'une famille sereine constituait le premier jalon de l'ordre social. Comme le dit Luc Ferry, face à tous « les corporatismes et [tous] les égoïsmes les plus exacerbés, seule la famille constitue un lien affectif fort[4] » ; et ce, malgré ses récentes mutations et son aspect polymorphe.

Au nom de quoi, aujourd'hui, un homme et une femme devraient-ils consentir qu'on choisisse à leur place une conjointe ou un conjoint dont ils ne veulent pas, ou que, parfois, ils ne connaissent même pas ? Au nom de quoi devrait-on accepter que l'union physique de deux personnes soit un corps à corps forcé ?

Si notre XXIe siècle doit voir venir au premier plan la famille, dont la clé de voûte est la femme, comment y parviendrons-nous sans avoir auparavant fait reculer toutes les pratiques qui abaissent la femme physiquement et moralement ? Sans nier qu'il s'agit là d'une lutte de longue haleine, sans tomber dans la naïveté, il me semble que commencer à réduire ces pratiques et, surtout, à modifier en profondeur la vision dépréciative mais communément admise de la femme, contribuerait à changer l'état d'esprit de nombreux Français.

Il faut bien constater que les hommes politiques de droite comme de gauche n'ont pas manifesté beaucoup

---

4. Interview de Luc Ferry sur www.reforme.net lors de la parution de son livre *Familles, je vous aime* (XO, 2007).

de courage pour faire évoluer la situation des femmes. Il y a toujours eu d'autres priorités, d'autres exigences. Mais je vois apparaître, en ce début d'année, de nouvelles énergies et des engagements forts : fin 2009, François Fillon hisse les violences faites aux femmes au rang de « Grande cause nationale pour 2010 » ; plus récemment, José Luis Rodríguez Zapatero annonce que l'un des projets de la présidence espagnole de l'Union européenne sera d'« améliorer la capacité de l'Union à éradiquer la violence de genre ».

Peut-on réussir sans optimisme ? Pouvons-nous relever les grands défis individuels et collectifs qui sont devant nous en nous laissant aller au désenchantement ? Notre société est un univers violent. Mais c'est précisément parce que cette violence ambiante existe qu'il est impératif de se battre pour restaurer cet optimisme.

Oui, je suis convaincue que le tout premier pas vers l'optimisme doit être celui de la réconciliation entre les deux sexes. La femme doit, pour cela, retrouver la place qui est la sienne : ni au-dessus ni en dessous de l'homme, mais bien à ses côtés. Rimbaud l'a écrit : « Quand sera brisé l'infini servage de la femme, quand elle vivra pour elle et par elle, l'homme – jusqu'ici abominable – lui ayant donné son renvoi, elle sera poète, elle aussi[5] ! »

---

5. « Seconde lettre du voyant à Paul Demeny », 15 mai 1871, in *Les Lettres du voyant*, Arthur Rimbaud, Éditions Ellipses, collection « Les textes fondateurs ».

Mes propositions pour en finir avec les violences faites aux femmes

[Certaines de ces propositions ont fait l'objet d'une proposition de loi défendue à l'Assemblée nationale au cours du premier semestre 2010.]

➤ Chapitre 2 – Violences conjugales

→ Introduire le divorce en comparution immédiate à la demande de la femme victime et en cas de tentative d'homicide volontaire de la part du conjoint.

→ Introduire, à l'instar de ce qui est fait pour l'excision, la levée obligatoire du secret médical en cas d'identification par le médecin de traces évidentes de violences conjugales.

→ Introduire la notion de violence psychologique dans le droit pénal.

→ Ajouter, dans l'obligation de soins, la spécification du type de médecin (psychanalyste, psychologue ou psychiatre) et la vérification accrue de la réalité des visites médicales obligatoires.

→ Supprimer le recours à la médiation pénale comme réponse aux situations de violences au sein du couple et définir une procédure nouvelle mieux adaptée à ces situations.

→ Affecter chaque parquet d'un magistrat spécialisé dans les questions de violences conjugales.

→ Les magistrats, policiers, gendarmes et professionnels de santé doivent être formés à la spécificité des violences faites aux femmes, pour qu'ils puissent repérer les signes témoignant des violences subies, prendre en charge et orienter les victimes vers les bons acteurs.

→ Dès l'école maternelle, dédier une heure par semaine à un cours d'éducation à la mixité et au respect hommes/femmes, pour prévenir et endiguer les réflexes sexistes.

➤ Chapitre 3 – Violences coutumières

Excision :

→ Imposer à la médecine scolaire la poursuite de l'examen de la vulve au-delà de l'âge de 6 ans.

→ Faire appliquer au sein des écoles de médecine l'obligation de formation en médecine génitale.

Polygamie :

→ En cas de polygamie avérée, verser la totalité des prestations sociales à un tuteur, afin que cet argent soit utilisé uniquement au profit des enfants et pour aider les femmes à « décohabiter ». Les prestations sociales doivent cesser de constituer un salaire pour l'homme polygame, qui s'en sert comme moyen de pression et de soumission de la femme.

Mariages forcés :

→ Doter les consulats français dans les pays jugés « à risque » (Yémen, Algérie, etc.) d'un budget dédié au rapatriement immédiat des femmes victimes de mariages forcés.

→ Saisir l'occasion d'un grand procès emblématique (à l'image du procès d'Hawa Gréou contre l'excision en 1999) pour prouver que la loi s'applique et provoquer la pérennisation de cette application. Il s'agit de faire appliquer les articles 144 et 146 du code civil relatif à l'obligation de majorité et de consentement volontaire des époux, ainsi que l'article 433-21 du code pénal relatif à l'obligation d'acte de mariage civil préalable au mariage religieux. Aujourd'hui, tout ministre du culte est soumis à ces dispositions mais certains ne les respectent pas[1].

→ Améliorer les dispositifs de prévention, en créant une ligne téléphonique spécifique et en augmentant le nombre de places d'accueil en lieux d'hébergement spécialisés (qui permettront de responsabiliser les femmes victimes de mariages forcés de manière progressive et personnalisée).

→ Renouveler le titre de séjour des femmes entrées en France sous le régime du regroupement familial et

1. Proposition également valable pour endiguer la polygamie.

qui ont cessé de cohabiter avec leur conjoint à cause des violences qu'elles ont subies au sein du couple.

Femmes sans papiers :

→ Aujourd'hui, une femme sans papiers n'a aucun droit. Or, dans le cas où elle subit des violences, elle doit pouvoir se rendre au commissariat de police et porter plainte en tant que victime (valorisation de la victime et séparation de son statut de sans-papiers). En contrepartie, sa déposition constitue, pour la police, une source d'informations importante, utile, par exemple, au démantèlement de réseaux.

→ Octroyer des papiers au cas par cas aux femmes de nationalité étrangère victimes de violences.

→ Prévoir des sanctions pour « abus de faiblesse » contre ces « avocats de la misère » qui font payer aux sans-papiers des sommes extravagantes en échange de services (procédures juridiques d'obtention de papiers) qu'ils ne rendent généralement pas.

➤ Chapitre 4 – Violences du XXIe siècle

Prostitution/Traite des femmes :

→ Inverser le statut juridique de la prostituée, le faire passer de coupable à victime, afin de lutter contre l'emprise des réseaux mafieux.

Pornographie sous la contrainte/Dérives liées à Internet :

→ Introduire dans le code pénal une disposition qui condamne la zoophilie pour le préjudice qu'elle cause à l'encontre des êtres humains, et non pas seulement, comme c'est le cas aujourd'hui, à l'encontre des animaux.

→ Diviser la toile du Web en deux espaces, l'un « identifiant » et l'autre « anonyme ». Pour l'espace identifiant, créer un système d'identification unique par différentes entrées dans lequel l'internaute donnerait soit son identité complète, soit un simple certificat de majorité. À partir de ce système, mettre en place des procédés de filtrage (à l'image de ceux qui existent actuellement) qui limiteraient l'accès à certains sites selon le degré d'identification.

→ Créer une instance qui s'occupe spécifiquement du problème de la pornographie sur Internet : elle traquerait en permanence les sites contenant des dérives, afin de limiter l'accès à ces sites et de dissuader les hébergeurs.

➤ Chapitre 5 – Le plafond de verre

Discriminations dans les carrières et les fonctions [Voir également les propositions de l'association Grandes Écoles au féminin en Annexe n° 4] :

→ Je suis favorable à une loi qui mettrait en place à court terme un quota de 20 % de femmes à la tête des grandes entreprises du CAC 40 et SBF 120 et, à long terme (quatre ans), un quota de 40 %. Cette loi ne s'appliquerait pas aux plus petites entreprises (car cela risquerait de les mettre en difficulté).

→ Créer un label « non-discrimination », accordé aux entreprises qui signeraient une charte. Le respect de la charte serait contrôlé par un organisme indépendant, par exemple la HALDE.

→ Sensibiliser l'opinion aux difficultés accrues de promotion pour les femmes et aux inégalités de salaires subies par les femmes. Le faire à travers des spots télévisés qui, sur le modèle de ceux qui ont été réalisés pour la prévention routière ou contre les violences conjugales, seraient construits sur des scénarios réalistes partant de situations quotidiennes. L'initiative devrait associer l'État, les syndicats de salariés et le patronat.

→ Créer un plan avec des objectifs, des étapes et des sanctions financières renforcées pour les partis politiques qui dérogent aux règles de la parité. Introduire l'obligation de la parité dans les bureaux des intercommunalités.

Annexes

Annexe 1

Entretien avec Fadela Amara

(Secrétaire d'État chargée de la Politique de la ville)

Sur la situation dans les quartiers

Chantal Brunel : *Comment la situation des femmes dans les quartiers a-t-elle évolué, selon toi ? Comment vois-tu les choses ?*

Fadela Amara : *Sur les questions sexuelles, liées au corps des femmes, on est dans une situation qui n'a pas beaucoup changé. Un mouvement comme* Ni putes ni soumises, *au-delà d'avoir libéré la parole des filles qui, dans les quartiers, ont été victimes de différentes formes de violence, psychique ou physique, a permis une grande prise de conscience dans le pays. Tout ce travail de* NPNS[1] *et d'autres associations a permis de faire avancer les choses, mais je considère que ce n'est pas suffisant. On est toujours dans la musique « le corps des filles ne leur appartient pas », c'est une question d'honneur. Le masculin s'est approprié le corps des filles. D'où le fait qu'il existe encore des mariages forcés, encore des excisions, même si tout cela est pratiqué à l'extérieur du territoire.*

1. Ni putes ni soumises.

Qu'est-ce qui fait que l'on a du mal à avancer sur la question des mariages forcés ?

Le problème aujourd'hui, c'est que ces pratiques, les mariages forcés, sont aussi portées par des femmes qui ont fait des études, qui sont structurées, mentalement et politiquement pour certaines d'entre elles. Regarde Rachida Dati : elle l'a raconté, ce n'est pas un secret ! Et elle est structurée ! C'est qu'il y a des formes de pression qui existent, inconscientes et qui font que, sans dire pour autant « oui » au mariage, tu te retrouves dans une situation où tu es mariée. Tu t'es battue, tu n'es pas d'accord avec l'idée du mariage au fond de toi, mais tu as finalement dit « oui » parce qu'il y a des pressions autour de toi.

Ne peut-on pas dire qu'il se produit une régression dans les quartiers ? Moi, on me dit souvent, sur le terrain, que, dès très petite, il y a une soumission de la fille que l'on n'observait pas il y a encore dix ou quinze ans dans les écoles ?

Lorsque j'étais petite fille, il y avait effectivement une régression. Le travail fait par NPNS *a brisé un certain nombre de tabous. On n'en verra pas les résultats tout de suite, mais cela a permis de libérer la parole, ce qui est un pas énorme. La prise de conscience qu'a créée* NPNS *a permis en réalité de faire que, dans les établissements scolaires, ces sujets soient abordés.*

Les femmes victimes sans papiers

Et en ce qui concerne le problème des femmes victimes qui n'ont pas de papiers, que peut-on faire ? Il y a, dans ma circonscription, des situations où les femmes se retrouvent

dans un état de semi-esclavage! Plusieurs fois, j'aurais voulu pouvoir les aider et je le voudrais encore. Mais les réponses que l'on peut apporter trouvent vite leur limite...

Alors qu'il était ministre de l'Intérieur, Nicolas Sarkozy avait envoyé une circulaire aux préfets pour leur demander d'avoir une attention particulière et bienveillante envers les femmes qui sont doublement victimes. Elles sont victimes de violences et n'ont pas de papiers. Clairement, il ne faut pas les renvoyer au pays. Une fois là-bas, elles vont vivre un enfer.

Surtout qu'elles ne sont plus vierges...

Je ne suis pas pour une régulation massive, mais il faut agir au cas par cas. En ce qui concerne les femmes sans papiers victimes de violences, ce ne sont pas les associations qui manquent, ce sont les appartements-relais. Pour la première fois, il y a des femmes qui sont allées porter plainte. Nous, pouvoirs publics, nous ne sommes pas toujours bons dans les réponses que l'on donne. Il ne faut pas seulement penser hébergement mais aussi logement. Il ne faut pas seulement héberger mais aussi protéger ces femmes qui sont dans des situations de détresse. Et puis, il faut distinguer les réponses selon le public. Parce qu'une femme dont on a éloigné le conjoint violent mais qui vit dans un quartier, tu peux être sûre qu'elle devient la proie des hommes du quartier. Une femme seule, avec ou sans enfant, devient une proie pour ces hommes. Elle va avoir des pressions différentes des autres. Ce n'est pas le cas partout, mais, elle, il faut plutôt l'extraire du quartier et la protéger ailleurs.

La solution : l'éducation sexuelle

Si tu étais présidente de la République demain, que ferais-tu ?

Je reprends tout ce qui concerne l'éducation sexuelle et la prévention, à l'intérieur de l'établissement scolaire. Mais tout y passe : le volet préventif contre le sida et autres maladies. Mais pas uniquement. Je le disais déjà à l'époque au ministre de l'Éducation : il faut absolument éduquer dans les établissements scolaires, parce que la sexualité est encore très taboue dans les quartiers. Partout, dans les cités, la première approche qu'ils ont de la sexualité, la seule éducation qu'ils reçoivent, c'est par le biais des films pornos. C'est une réalité. Dans les quartiers, ça tourne. Et ce, quelles que soient les personnes autour. Tu peux avoir aussi bien un homme de 30 ans que, dans la même pièce, un bout de chou de 9 ou 10 ans ! Ils n'ont leur éducation sexuelle que par là. Or, tout le monde sait que, dans les films pornos, la femme n'a pas un rôle très valorisant. Ils n'apprennent que comme ça. C'est pour ça que la question des viols collectifs s'est posée. Quand un gamin de 10, 11 ou 12 ans voit ces films-là, et quand il est auteur de ce crime atroce qu'est le viol collectif, il ne comprend pas quand on lui dit : « Mais c'est grave ce que tu as fait ! » Il répond : « Fadela, on ne comprend pas pourquoi tu dis ça, parce que, oui on a participé, oui on a fait ça, mais... » Je lui dis : « Mais elle disait non. » « Oui, elle disait non, mais tu connais, Fadela : elle disait non, mais en fait elle disait oui. » Ils ne comprennent pas. Donc, tu as affaire à des gamins qui ne comprennent pas l'horreur de leur acte, parce que, comme ils l'ont vu à la télé, ils pensent que ça se passe comme ça en vrai.

Or, le problème est qu'aujourd'hui, quand on parle de la sexualité dans les établissements scolaires, c'est plutôt par le biais de la prévention du sida. Il faut de la prévention encore et toujours, mais il faut y ajouter le respect du partenaire, quel que soit son sexe, et intégrer les notions de plaisir et de désir. Ce discours doit être entendu par les jeunes. Et quand je dis ça, je veux dire qu'ils doivent comprendre que la femme peut être auteure de plaisir, mais aussi demandeuse de plaisir, ce qui n'est pas le cas dans leur tête aujourd'hui. Parce qu'ils sont dans la consommation pour la consommation.

[...] La Toile peut être une formidable autoroute démocratique, mais on y voit aussi les pires horreurs. Si les parlementaires, de tous les pays, ne légifèrent pas sur les contenus et l'accès des mineurs, cette histoire peut aller très loin. Pas seulement sur le porno, mais sur tout ce qui peut toucher à l'intégrité physique et morale d'une personne. Et puis, dans les commissariats, il y a un problème de place. Parfois, des filles arrivent. Elles ont été victimes de violences et il n'y a même pas de salle réservée pour qu'elles parlent en tête à tête. Moi, dans le cadre de la politique de la ville, je paie des assistantes sociales, des psychologues, qui accueillent les femmes. Il y a un maillage de femmes psychologues et d'assistantes à poursuivre. Et puis, une fois qu'on les a sorties, il faut les accompagner et les aider à leur propre reconstruction. C'est là qu'on manque de logements.

Mais pour ça, le problème, ce n'est pas le manque de moyens, c'est le manque de coordination. On ne travaille pas assez sur le fait de coordonner les dispositifs qui existent pour être plus efficaces. Je pense, par exemple, qu'une telle chose devrait être mieux gérée par la délégation du Droit des femmes. *La déléguée doit avoir les moyens de mener une très bonne coordination sous l'autorité du préfet.*

Le mariage religieux sans mariage civil préalable pratiqué par les imams

Il faudrait un grand procès emblématique, qui montre une fois pour toutes que la loi s'applique. Que penses-tu de cela ?

Les mariages prononcés par des imams ne sont pas reconnus en France. Dans la communauté musulmane, j'assiste de temps en temps à des mariages religieux, qu'on appelle plutôt des « fiançailles ». Tu en as très peu par rapport à avant. Avant, il y avait des mariages célébrés par des imams qui avaient le statut juridique du concubinage, ce qui arrangeait d'ailleurs beaucoup les filles. Parce que, comme ils n'étaient pas reconnus comme mariages officiels sur le plan civil, pas plus qu'ils ne le sont aujourd'hui, elles pouvaient partir comme elles le voulaient. C'est ça la vérité. C'est pour ça que tu as beaucoup de filles qui demandent à passer devant un Imam, mais pas devant un maire. Et puis, tu as beaucoup de filles qui se marient pour quitter le foyer familial. Il y a plusieurs profils.

D'un côté, certaines, âgées parfois de 17 ans, préparent un mariage pour avoir le statut de femme mariée, pour obtenir une reconnaissance sociale. D'autres, parfois les mêmes, se marient pour échapper à la violence du marché du travail. Il m'est arrivé de rencontrer sur le terrain des filles toutes jeunes, disons 17-21 ans, voilées ou pas, à qui j'ai demandé : « Qu'est-ce que vous voulez faire plus tard ?» Elles étaient lycéennes. Voilées ou pas, la majorité m'a répondu : « On veut se marier. Comme ça, nous serons tranquilles. Nous serons libres (parce que, si jamais il nous ennuie, on peut le virer) et, comme ça, si jamais on ne trouve pas un emploi, ça sera à lui d'aller chercher du travail pour nous nourrir.» On est dans une projection où il y a un retour à la femme au foyer, sous prétexte que la violence du marché du travail l'exige. Elles intègrent cela parce qu'on leur explique que, dans le milieu ambiant, elles vont avoir des difficultés à trouver du boulot, et que le rôle des femmes est de rester au foyer. La seule réponse, pour avoir un confort physique et moral, est de se marier et d'espérer que ça marche. Au pire, si ça ne marche pas, je toucherai les allocations.

D'un autre côté, tu as les femmes qui ne se laissent pas faire, comme moi, qui sont plutôt dans une trajectoire de combat et de liberté. C'est ce que j'appelle les « NPNS ». *Elles sont plutôt dans une affirmation d'elles-mêmes. Il y en a de plus en plus, mais c'est très dur pour elles. Jeunes, adolescentes, elles combattent d'entrée toutes les formes d'oppression pour se réapproprier leur corps et leur sexualité, même si elles évitent de le faire de façon trop ostentatoire.*

Qu'est-ce qui t'a amenée à te battre comme tu l'as fait et continue de le faire ?

*J'ai vu ma mère. Ma mère et les femmes de ma cité. Quand j'avais 17 ans, j'ai créé une association qui s'appelait l'*Association des femmes pour l'échange intercommunautaire. *Mon obsession, quand j'étais petite, c'était de tout faire pour que des femmes de mon quartier, y compris ma mère, ne souffrent pas de l'inégalité des sexes. J'ai vécu dans une* *famille où l'inégalité des sexes était la règle. Et puis, je ne sais pas, j'ai mauvais caractère. Tout le monde le sait. Il y a des choses que je ne peux pas accepter.*

(Propos recueillis le 14 octobre 2009)

Annexe 2

Entretien avec Laurence Parisot

(Présidente du MEDEF)

Chantal Brunel : ***Avez-vous eu affaire, au long de votre parcours professionnel, à des comportements machistes ou à des difficultés liées au fait que vous êtes une femme ?***

Laurence Parisot : *Je suis entrée comme chargée d'études à l'institut Louis-Harris dont je suis rapidement devenue la directrice générale. J'ai ensuite été DG de l'institut IFOP. Au long de ma carrière, j'ai donc d'abord été salariée puis directrice générale, avant de m'endetter pour devenir actionnaire, puis présidente d'entreprises. Au fil de cette évolution, j'ai dû faire face à des échecs et à des ratés. Des négociations qui échouent, des contrats perdus. Je ne comprenais pas pourquoi.*

Ce n'est que vers 35-40 ans que j'ai compris que ces obstacles qui entravaient ma carrière s'appelaient tout simplement de la misogynie. Avant cela, je m'attribuais systématiquement la faute : « Tu n'as pas été assez rigoureuse, tu as mal géré telle ou telle négociation... » Il m'a donc fallu beaucoup de temps pour comprendre qu'il y avait, derrière ces échecs, une part de misogynie.

Or, une fois que l'on s'en rend compte, on constate rapidement que cette misogynie régit bien plus qu'on ne l'aurait pensé les rapports hommes/femmes dans le cadre professionnel. Aujourd'hui, je la constate encore régulièrement. Il y a un certain temps, au cours d'un rendez-vous avec un ministre auquel j'étais venue avec mon DG – qui est un homme –, j'ai remarqué ce qui m'a semblé stupéfiant : le ministre ne m'a pas regardée une seule fois ; pendant tout l'entretien, il s'est adressé à mon DG !

Lorsque je me suis présentée comme candidate à la présidence du MEDEF, j'avais compris l'ampleur de la misogynie et le frein qu'elle représente. Contre toute attente, j'ai parlé de ce fait devant le comité électoral. J'ai commencé mon discours en disant : « Je sais déjà que j'ai un handicap, c'est que je suis une femme. » Mon élection fut une surprise pour nombre de ces hommes ! Mais j'ai été franche et cela a joué en ma faveur. J'ai parlé clairement, et je crois que c'est pour cela que je n'ai plus eu ce type de problème, une fois entrée au sein du MEDEF. Quand on énonce le problème, quand on a le courage de le nommer, cela résout souvent les choses. Je ne dis pas pour autant que mon statut de femme a joué en ma faveur. Je pense simplement que ceux qui ont voté pour moi ont voté pour mon projet, mon style et ma volonté de changement. En revanche, ceux qui n'ont pas voté pour moi ont sans doute pu se dire en guise de consolation qu'ils parviendraient plus aisément à me faire plier ou à m'influencer...

Les réflexes de pensée discriminants existent de manière prégnante dans ces milieux qui sont souvent à dominante masculine. C'est d'ailleurs la raison pour laquelle les femmes doivent travailler bien plus et redoubler d'efforts en comparaison de leurs homologues masculins. Nous devons être infaillibles et avoir un niveau d'exigences dix fois, vingt fois, cinquante fois plus élevé que les hommes!

Mais je dois avouer que je ne comprends pas pourquoi il existe chez les hommes cette préférence qui consiste à vouloir rester constamment entre eux. C'est étrange, et c'est un aspect que j'ai eu du mal à appréhender. En tant que femme, je préfère de loin les ambiances de négociation mixtes. Au bout du compte, ce auquel nous aspirons le plus, c'est la mixité. Lorsqu'il n'y a que des femmes, c'est un poulailler, et lorsqu'il n'y a que des hommes, ça manque profondément de sensibilité!

Comment pensez-vous que l'on peut faire évoluer la place de la femme dans l'entreprise?

Dès que je suis arrivée, j'ai fait tout mon possible pour faire entrer de nombreuses femmes dans les instances dirigeantes du MEDEF. Mais c'est avant tout l'engagement des femmes elles-mêmes qui ouvrira la voie d'un progrès de l'égalité hommes/femmes. J'ai ouvert la voie dans ce milieu de l'entreprise en me présentant à la tête du MEDEF. Avec mon élection, ce fut la première fois que des hommes élisaient une femme à ce poste. Il faut désormais que plus de femmes prennent elles-mêmes les choses en main, en particulier au sein des jeunes générations.

Aujourd'hui encore, rien n'est acquis, mais nous pouvons faire évoluer les choses par certaines mesures. Je suis favorable à la mise en place de quotas dans les entreprises du CAC 40 et du SBF 120 dans la mesure où, au sein d'aussi grands groupes, on a besoin d'un coup de pouce. Or, trop souvent, lorsque je propose ce genre de dispositif à des grands patrons, on me répond: «Je voudrais bien, mais je ne trouve pas les femmes pour ces postes ! » Je ne suis pas d'accord avec ce prétexte. Il y a sans aucun doute une centaine de femmes qui pourraient faire partie du conseil d'administration d'entreprises du CAC 40. En revanche, je suis plus modérée sur l'idée d'une loi : une loi empêchera que les quotas soient limités aux entreprises du CAC 40. Ils devront s'adapter à toutes les entreprises cotées. Or, les entreprises familiales, cotées à 30 % seulement, risquent d'avoir bien du mal à trouver des femmes lorsqu'elles ne sont gérées que par des frères !

Le deuxième grand sujet concerne l'égalité des salaires. Depuis la loi Génisson, il n'y a plus d'écart relatif à la position dans l'entreprise : à position égale, salaire égal. Mais là où le bât blesse, c'est sur l'égalité salariale relative à la carrière. Lorsque l'on regarde les choses sur la durée, les femmes progressent beaucoup moins facilement que les hommes. Elles ont des salaires plus bas parce qu'elles ne montent pas aussi haut ! Les raisons peuvent être multiples : congés maternité, etc. En ce qui concerne cet écart précis, il faudrait, selon moi, mettre en place une grande série de spots télévisés qui dénonceraient le ridicule de certaines situations : le cadre supérieur qui empêcherait la promotion de telle ou telle employée. Il s'agirait de sensibiliser, à l'image de ce que l'on a fait pour la lutte contre les accidents de la route ou les campagnes de l'INPES. Cette campagne serait signée par l'État, les syndicats, et le patronat. Il est temps d'en faire une véritable cause.

(Propos recueillis le 26 octobre 2009)

Annexe 3

Entretien avec Nathalie Kosciusko-Morizet

(Secrétaire d'État chargée de la Prospective
et du Développement de l'économie numérique)

Sur Internet

Chantal Brunel : ***Quels sont les acteurs qui sont aujourd'hui en charge de la gouvernance d'Internet ?***

Nathalie Kosciusko-Morizet : *C'est compliqué. Historiquement, on avait une instance qui s'appelait le* Forum des droits sur Internet. *On est en train de faire évoluer ce Forum vers un* Conseil national du numérique, *dans le sillage du plan* France Numérique 2012. *Il s'agit d'une instance collégiale. Elle est en cours de création et on y met à la fois des opérateurs, des représentants des acteurs de l'Internet, des associations de parents, etc. L'idée, c'est de créer une instance de discussion mais aussi de règlement des conflits, avant d'avoir à en appeler à la justice.*

Que pouvons-nous faire pour empêcher la divulgation de contenus illégaux ou des contenus incitant à la violence sur Internet ?

Sur Internet, on trouve le pire comme le meilleur. Il faut faire attention à ne pas brider le meilleur en voulant contrôler le pire.

Par exemple, si on peut y trouver le pire en termes d'images mais aussi de propos dévalorisants pour la femme, cet outil peut aussi aider les femmes victimes de violences conjugales en leur permettant de se renseigner, de connaître l'association à laquelle parler de son calvaire ou la procédure juridique pour porter plainte. C'est une fenêtre ouverte sur l'extérieur pour le pire et pour le meilleur. Internet a permis un effet d'émancipation important, grâce aux blogs *entre autres ; il peut ainsi constituer un processus d'émancipation de la femme, par rapport à une structure du monde du travail assez agressive ou à une vie familiale parfois cloisonnante. À propos des femmes et d'Internet, le* Orange Labs, *cet organisme basé en Californie qui étudie les nouvelles tendances d'Internet, dit que le temps qui arrive est celui des femmes.*

Je ne diminue pas l'impact du négatif, mais je rappelle simplement que l'anonymat octroyé par Internet – et donc le fait d'être d'égal à égal – peut permettre de raconter des horreurs mais aussi de casser un certain nombre de structures qui sont les mêmes que celles qui oppressent les femmes dans le monde traditionnel. On aurait donc tort de supprimer cet anonymat.

Mais il faut tout de même contrôler ces contenus...

Il faut deux espaces : l'espace anonyme et l'espace identifiant. Lorsqu'il va sur l'espace anonyme, l'internaute sait que rien ne lui garantit que la personne en face soit saine d'esprit. En outre, sur cet espace, certaines activités doivent être interdites. L'espace identifiant, lui, doit permettre une identification de l'internaute selon différents paliers et degrés d'information. Il y aurait un système d'identification unique par différentes entrées. Par exemple, il existerait un système d'identification pour lequel l'internaute donne son identité complète et, un autre, où l'on ne sait que s'il est majeur ou mineur. On pourrait songer, pour ce qui est des sites pornographiques, à ce que l'accès soit limité au certificat de majorité. On demande aux fournisseurs d'accès à Internet de fermer tous les accès dans l'espace anonyme, et de laisser un accès aux sites concernés dans l'espace identifiant. Nous, nous pourrions le lancer comme un service d'identification unique – intéressant sur le plan économique, car, aujourd'hui, nous perdons beaucoup d'argent en ayant à chaque fois un système d'identification par acteur (État, banque, etc.). Le mérite, c'est que les sites peuvent s'autogarantir ainsi : les acteurs vont être amenés à se positionner dans la jungle Internet.

Mais est-ce que l'hébergeur d'un site pornographique va accepter cela ?

On peut, ensuite, tout à fait mettre en place des filtres qui ne délivrent l'accès qu'aux sites identifiés et pas à ceux qui sont anonymes.

Oui, mais que faire lorsqu'il y a un ordinateur qui sert aussi bien à l'enfant de 10 ans qu'à son père, son grand frère ou sa mère ?

À terme, vous pouvez tout à fait réserver certaines activités à certains degrés d'identification. Par exemple, si vous voulez avoir accès aux sites pornographiques, vous le pouvez, mais exclusivement à ceux qui sont sous un régime d'identification ou de semi-identification (certificat de majorité). Ce filtre-là va permettre d'éviter l'accès à tous les sites qui ne sont pas sous un dispositif d'accès. Mais cela suppose qu'il y ait, simultanément, une véritable traque des sites qui sont hébergés à l'étranger et une course après les coupures d'accès. Ce ne sera pas un filtre complet. C'est impossible de contrôler intégralement. Cependant, c'est déjà une avancée.

La Cour de justice américaine a récemment condamné* Facebook *et* MySpace *pour avoir laissé plusieurs pédophiles ou criminels connus de la police créer leur profil sur ces réseaux. La France a-t-elle ou peut-elle faire de même ?

On le fait. Il existe une jurisprudence compétente. Mais le problème, c'est que cette jurisprudence doit être mondiale. On peut faire les choses sur un plan national, mais il faut le faire dans l'optique que ce soit suivi au-delà de nos frontières et que cela devienne une initiative mondiale.

Sur la discrimination dans les carrières et les fonctions

En ce qui concerne la discrimination sexuelle dans les carrières et les fonctions, es-tu, comme on le dit, contre les quotas de femmes dans les entreprises ?

Non, cela a été mal compris. Je dis juste que le vrai scandale, c'est la place qui est faite aux femmes dans la société contemporaine. Donc je ne veux pas qu'on oppose des principes à des idées qui viendraient masquer ce qu'est le vrai problème, le vrai combat, à savoir cette image. Il faut pouvoir parler de tout et, à la limite, tout expérimenter. Je ne suis pas hostile à l'expérimentation des quotas dans les instances dirigeantes des entreprises. Mais attention ! Il ne faut pas faire de ces dispositifs des arguments de bonne conscience. Il ne faut pas se dire que l'on a gagné la guerre à coups d'initiatives comme celles-là. D'autant plus qu'on entend parler de ces dispositifs dans les hautes sphères de l'entreprise et de la politique. J'ai peur, à ce propos, que l'on ne fasse une France à deux vitesses : on va protéger et faire accéder des femmes à la tête des entreprises ou de l'État – alors même que les femmes ne sont pas les plus grandes promotrices de la gent féminine – et ne pas se préoccuper du sort de celles qui mériteraient tout autant de bénéficier de la parité mais qui ne se situent pas à une échelle hiérarchique suffisante.

En outre, ces efforts doivent commencer dès la jeunesse : on a de graves problèmes de mixité dans les écoles avec de jeunes garçons qui ne veulent plus jouer avec les petites filles. Il faut saisir le problème à sa source.

(Propos recueillis le 9 novembre 2009)

Annexe 4

Les 10 mesures préconisées par l'association Grandes Écoles au féminin

I. Promouvoir activement les femmes

a. Créer un vivier de talents féminins :

– Pour chaque poste ouvert en management et/ou pour chaque plan de promotion, s'assurer de la présence de candidatures féminines et justifier s'il n'y en a pas.

– Détecter les femmes à haut potentiel, pour créer un vivier représentatif de l'entreprise, notamment en supprimant les limites d'âge.

b. Soutenir leur développement :

– Mettre en place des formations spécifiques pour les femmes, afin de leur permettre d'augmenter leur influence, leur visibilité et leur impact dans l'entreprise ou l'administration.

– Favoriser la mise en place de réseaux féminins et mixtes au sein de l'entreprise ou de l'administration, pour faire partager et pour diffuser les pratiques favorisant la mixité en management.

II. Changer les règles du jeu de l'entreprise

a. Faire évoluer les critères d'évaluation et les règles de gestion des carrières :

– Faire évoluer les critères d'évaluation de la performance, pour intégrer les compétences et qualités supplémentaires féminines et masculines.

– Casser le cycle de carrière linéaire et faire évoluer les critères de la mobilité géographique en intégrant notamment la gestion des doubles carrières.

b. Faire évoluer les mentalités et la culture :

– Sensibiliser le management aux différences de comportement hommes/femmes, et à l'intérêt pour l'entreprise d'une plus grande mixité.

– Développer toute pratique pour un meilleur équilibre vie professionnelle/vie personnelle (au-delà des crèches, remettre en question la culture du « présentéisme »).

III. Piloter et assurer le suivi des actions mises en œuvre

a. Mettre en place des objectifs quantifiés à tous niveaux :

– Recrutement, évolution salariale, accession à des postes de direction...

b. Intégrer ces critères dans l'évaluation des managers.

Annexe 5

Guide pratique des associations

1/ Violences conjugales

Un numéro vert : 3919

Où habitez-vous ?	Qui peut vous aider ?	Comment les joindre ?
AIN	CIDFF DE L'AIN 01000 BOURG-EN-BRESSE	04 74 22 39 64
AISNE	CIDFF DE L'AISNE 02000 LAÔN	03 23 79 30 14
ALLIER	CIDFF DE L'ALLIER 03000 MOULINS	04 70 35 10 69
ALPES-DE-HAUTE-PROVENCE	CIDFF DES ALPES-DE-HAUTE-PROVENCE 04000 DIGNE-LES-BAINS SOS Violences conjugales pour tout le département 04	04 92 36 08 48 04 92 75 35 54
HAUTES-ALPES	CIDFF DES HAUTES-ALPES 05000 GAP	04 92 51 35 94
ALPES-MARITIMES	Accueil Solidarité Femmes 06200 NICE Femmes Battues 06200 NICE CIDFF DES ALPES-MARITIMES 06200 NICE	04 93 52 17 81 04 93 52 17 81 04 93 71 55 69
ARDÈCHE	CIDFF DE L'ARDÈCHE 07200 AUBENAS	04 75 93 31 70

ARDENNES	CIDFF DES ARDENNES 08000 CHARLEVILLE-MEZIÈRES	03 24 37 39 98
ARIÈGE	CIDFF DE L'ARIÈGE 09000 FOIX	05 61 02 81 77
AUBE	Solidarité Femmes 10000 TROYES CIDFF DE L'AUBE 10000 TROYES	03 25 73 26 26 03 25 73 15 25
AUDE	CIDFF DE L'AUDE 11100 NARBONNE	04 68 42 51 30
AVEYRON	CIDFF DE L'AVEYRON 12000 RODEZ	05 65 68 18 09
BOUCHES-DU-RHÔNE	SOS Femmes 13000 MARSEILLE CHRS Le Passage 13800 ISTRES SOS Femmes Les Abeilles 13600 LA CIOTAT Stop Violences Femmes 13100 AIX-EN-PROVENCE CIDFF DES BOUCHES-DU-RHÔNE 13200 ARLES CIDFF PHOCÉEN 13001 MARSEILLE	04 91 24 61 50 04 42 55 46 87 04 42 83 13 62 04 42 99 09 86 04 90 93 47 76 04 96 11 07 99
CALVADOS	CIDFF DU CALVADOS 14100 LISIEUX	02 31 62 32 17
CANTAL	CIDFF DU CANTAL 15000 AURILLAC	04 71 46 89 50
CHARENTE	CIDFF DE CHARENTE 16000 ANGOULÊME	05 45 92 34 02
CHARENTE-MARITIME	CIDFF DE CHARENTE-MARITIME 17000 LA ROCHELLE	05 46 41 18 86
CHER	CIDFF DU CHER 18000 BOURGES	02 48 24 00 19
CORRÈZE	SOS Violences Conjugales 19100 BRIVE	05 55 88 20 02

CORSE	CIDFF DE CORSE-DU-SUD 20189 AJACCIO CIDFF DE HAUTE-CORSE 20600 BASTIA	04 95 23 01 85 04 95 33 43 25
CÔTE-D'OR	Solidarité Femmes 21000 DIJON CIDFF DE LA CÔTE-D'OR 21800 QUETIGNY	03 80 38 19 99 03 80 48 90 28
CÔTES-D'ARMOR	Association Foyer d'Accueil 22000 SAINT-BRIEUC Accueil Femmes 22000 SAINT-BRIEUC CIDFF DES CÔTES-D'ARMOR 22000 ST BRIEUC	02 96 68 42 42 02 96 33 54 79 02 96 78 47 82
CREUSE	Solidarité SOS Femmes 23000 GUÉRET	05 55 52 46 46
DORDOGNE	CIDFF DE DORDOGNE 24100 BERGERAC CIDFF DE DORDOGNE 24100 PÉRIGUEUX SOS Femmes Dordogne 24000 PÉRIGUEUX	05 53 63 32 30 05 53 35 90 90r 05 53 35 03 03
DOUBS	Solidarité Femmes 25000 BESANÇON CIDFF DU DOUBS 25000 BESANÇON	03 81 81 03 90 03 81 83 48 19
DRÔME	CIDFF DE LA DRÔME 26000 VALENCE	04 75 82 06 10
EURE	CIDFF DE L'EURE 27000 ÉVREUX	02 32 33 44 56
EURE-ET-LOIR	CIDFF D'EURE-ET-LOIR 28000 CHARTRES	02 37 34 75 63
FINISTÈRE	CIDFF DU FINISTÈRE 29200 BREST	02 98 44 97 47
GARD	CIDFF du Gard 30900 NÎMES Association Gardoise Femmes Accueil 30100 ALÈS	04 66 38 10 70 04 66 86 85 51

HAUTE-GARONNE	APIAF 31400 TOULOUSE	05 62 73 72 62
	Du Côté des Femmes 31600 MURET	05 34 63 16 74
	Femmes de Papier 31800 SAINT-GAUDENS	06 70 10 06 80
	ISES 31250 REVEL	05 61 27 81 66
	Olympe de Gouges 31400 TOULOUSE	05 62 48 56 66
	SAVIF-PEA 31400 TOULOUSE	05 61 25 16 13
	CIDFF DE HAUTE-GARONNE 31400 TOULOUSE	05 34 31 23 31
GERS	CIDFF DU GERS 32200 AUCH	05 62 63 40 75
GIRONDE	APAFED 33150 CENON	05 56 40 93 66
	Centre Flora-Tristan 33150 CENON	05 56 40 93 66
	CIDFF DE GIRONDE 33000 BORDEAUX	05 56 44 30 30
	Maison des Femmes 33000 BORDEAUX	05 56 51 30 95
HÉRAULT	Foyer Élisabeth-Bouissonnade 34000 MONTPELLIER	04 67 58 07 03
	CIDFF DE L'HÉRAULT 34000 MONTPELLIER	04 67 72 00 24
ILLE-ET-VILAINE	CIDFF D'ILLE-ET-VILAINE 35000 RENNES	02 99 30 08 89
INDRE	CIDFF DE L'INDRE 36000 CHÂTEAUROUX	02 54 34 48 71
INDRE-ET-LOIRE	CIDFF DE L'INDRE-ET-LOIRE 37200 TOURS	02 47 27 54 00
ISÈRE	Solidarité Femmes 38000 GRENOBLE	04 76 40 50 10
	CIDFF DE L'ISÈRE 38000 GRENOBLE	04 76 54 08 19

JURA	CIDFF DU JURA 39000 LONS-LE-SAUNIER	03 84 43 10 95
LANDES	CIDFF DES LANDES 40000 MONT-DE-MARSAN	05 58 46 41 43
LOIR-ET-CHER	CIDFF DU LOIR-ET-CHER 41000 BLOIS	02 54 42 17 39
LOIRE	Solidarité Femmes Loire 42000 SAINT-ÉTIENNE	04 77 25 89 10
HAUTE-LOIRE	CIDFF DE HAUTE-LOIRE 43000 LE PUY-EN-VELAY	04 71 09 49 49
LOIRE-ATLANTIQUE	SOS Femmes 44000 NANTES	02 40 12 12 40
	SOS Femmes 44100 CHÂTEAUBRIANT	02 40 28 07 11
	CIDFF DE LOIRE-ATLANTIQUE 44000 NANTES	02 40 48 13 83
	CIDFF DE LOIRE-ATLANTIQUE 44600 SAINT-NAZAIRE	02 40 66 53 08
LOIRET	CIDFF DU LOIRET 45200 MONTARGIS	02 38 98 53 76
	CIDFF DU LOIRET 45000 ORLÉANS	02 38 77 02 33
LOT	CIDFF DU LOT 46000 CAHORS	05 65 30 07 34
LOT-ET-GARONNE	CIDFF DU LOT-ET-GARONNE 47000 AGEN	05 53 47 47 25
	Maison d'Accueil des Femmes 47300 VILLENEUVE-SUR-LOT	08 00 88 03 45
LOZÈRE	CIDFF DE LOZÈRE 48000 MENDE	04 66 49 32 65
MAINE-ET-LOIRE	SOS Femmes 49000 ANGERS	02 41 87 97 22
	CIDFF DU MAINE-ET-LOIRE 49100 ANGERS	02 41 86 18 04
MANCHE	CIDFF DE LA MANCHE 50100 CHERBOURG-OCTEVILLE	02 33 94 77 05

MARNE	CIDFF DE LA MARNE 51007 CHÂLONS- EN-CHAMPAGNE	03 26 65 05 00
	Association contre les violences faites aux femmes 51100 REIMS	03 26 86 56 32
HAUTE-MARNE	CIDFF DE HAUTE-MARNE 52000 CHAUMONT	03 25 02 07 02
	SOS Femmes 52100 SAINT-DIZIER	03 25 06 50 70
MAYENNE	CIDFF DE LA MAYENNE 53000 LAVAL	02 43 56 99 29
MEURTHE-ET-MOSELLE	CIDFF DE MEURTHE- ET-MOSELLE 54400 LONGWY	03 82 23 29 88
	CIDFF DE MEURTHE- ET-MOSELLE 53400 LUNÉVILLE	03 83 74 21 07
	CIDFF DE MEURTHE- ET-MOSELLE 54000 NANCY	03 83 35 35 87
MEUSE	CIDFF DE LA MEUSE 55100 VERDUN	03 29 86 70 41
MORBIHAN	CIDFF DU MORBIHAN 56000 VANNES	02 97 46 09 67
MOSELLE	CIDFF DE MOSELLE 57000 METZ	03 87 76 03 48
	CIDFF DE MOSELLE/ MOSELLE-EST 57600 FORBACH	03 87 84 31 25
	Thémis Solidarité Femmes 57000 METZ	03 87 75 29 30
NIÈVRE	CIDFF DE LA NIÈVRE 58000 NEVERS	06 61 06 06 98
NORD	SEDIRE 59140 DUNKERQUE	03 28 26 46 75
	CIDFF DU NORD 59400 CAMBRAI	03 27 78 45 69
	CIDFF DU NORD 59140 DUNKERQUE	03 28 59 29 30
	CIDFF DU NORD 59000 LILLE	03 20 54 27 66
	CIDFF DU NORD 59700 MARCQ-EN-BARŒUL	03 20 15 85 34
	CIDFF DU NORD 59100 ROUBAIX	03 20 70 22 18
	CIDFF DU NORD 59300 VALENCIENNES	03 27 29 59 84

OISE	CIDFF DE L'OISE 60000 BEAUVAIS	03 44 15 74 12
ORNE	CIDFF DE L'ORNE 61100 FLERS	02 33 64 04 11
PAS-DE-CALAIS	Écoute Brunehaut 62800 LIEVIN CIDFF DU PAS-DE-CALAIS 62000 ARRAS CIDFF DU PAS-DE-CALAIS 62400 BÉTHUNE CIDFF DU PAS-DE-CALAIS 62200 BOULOGNE-SUR-MER	03 20 57 94 27 03 21 23 27 53 03 21 57 98 57 03 21 30 45 41
PUY-DE-DÔME	CIDFF DU PUY-DE-DÔME 63000 CLERMONT-FERRAND SOS Femmes 63000 CLERMONT-FERRAND	04 73 74 61 20 04 73 29 32 20
PYRÉNÉES-ATLANTIQUES	CIDFF DES PYRÉNÉES-ATLANTIQUES 64000 PAU Du Côté des Femmes 64000 PAU Les Mouettes 64100 BAYONNE	05 59 27 92 43 05 59 06 87 70 05 59 46 16 50
HAUTES-PYRÉNÉES	CIDFF DES HAUTES-PYRÉNÉES 65000 TARBES	05 62 93 27 70
PYRÉNÉES-ORIENTALES	Antenne départementale d'intervention sur les violences adultes Domestiques 66000 PERPIGNAN CIDFF PYRÉNÉES-ORIENTALES	04 68 63 50 24 04 68 51 16 37
BAS-RHIN	CIDFF DU BAS-RHIN 67000 STRASBOURG SOS Solidarité Femmes 67000 STRASBOURG Centre Flora-Tristan 67000 STRASBOURG	03 88 32 04 14 03 88 24 06 06 03 88 35 25 69
HAUT-RHIN	CIDFF DU HAUT-RHIN 68200 MULHOUSE Soutien Femmes Battues 68300 SAINT-LOUIS	03 89 60 45 43 03 89 70 02 21

RHÔNE	Femmes Informations Liaisons 69190 SAINT-FONS	04 72 89 07 07
	Filactions 69000 LYON	04 78 30 63 50
	CIDFF DU RHÔNE 69001 LYON	04 78 39 32 25
HAUTE-SAÔNE	CIDFF DE HAUTE-SAÔNE 70014 VESOUL	03 81 83 48 19
SAÔNE-ET-LOIRE	CIDFF DE SAÔNE-ET-LOIRE 71000 MACON	03 85 38 96 38
SARTHE	Femmes Accueil 72 72000 LE MANS	02 43 78 12 75
	CIDFF DE LA SARTHE 72000 LE MANS	02 43 54 10 37
SAVOIE	SOS Femmes Violences 73000 CHAMBÉRY	04 79 33 95 85
	CIDFF DE SAVOIE 73000 CHAMBÉRY	04 79 33 96 21
HAUTE-SAVOIE	Espace Femmes Geneviève-D. 74800 LA ROCHE-SUR-FORON	04 50 97 61 90
	La Margelle Geneviève 74200 THONON-LES-BAINS	04 50 70 00 08
	Foyer Léman 74140 DOUVAINE	04 50 94 00 03
	CIDFF DE HAUTE SAVOIE 74000 ANNECY	04 50 09 52 40
PARIS	Foyer Louise-Labbé CSMEE 75000 PARIS	01 43 48 20 40
	Espace Solidarité 75000 PARIS	01 42 67 24 40
	CIDFF DE PARIS 75019 PARIS	01 43 48 18 66
	Collectif féministe contre le viol 75013 PARIS	01 44 52 19 20
	Fédération nationale solidarité femmes (FNSF) 75020 PARIS	0 800 05 95 95
	Mouvement français pour le planning familial (MFPF) 4, square Saint-Irénée 75011 PARIS	01 40 33 80 90
SEINE-MARITIME	CIDFF DE LA SEINE-MARITIME 33, rue du Pré-de-la-Bataille 76000 ROUEN	02 35 63 99 99

SEINE-ET-MARNE	Le Relais de Sénart 77240 VERT-SAINT-DENIS	01 64 89 76 40
	CIDFF DE LA SEINE-ET-MARNE 77185 LOGNES	01 60 05 84 79
	SOS Femmes 77100 MEAUX	01 60 09 27 99
YVELINES	Mille et une Femmes 78700 CONFLANS-SAINT-HONORINE	06 50 33 13 87
	CIDFF DES YVELINES 78301 POISSY	01 30 74 21 01
	Du Côté des Femmes 78130 LES MUREAUX	01 34 74 31 37
DEUX-SÈVRES	CIDFF DES DEUX-SÈVRES 79000 NIORT	05 49 06 95 95
SOMME	CIDFF DE LA SOMME 80000 AMIENS	03 22 22 01 94
	SOS Violences Femmes 80000 AMIENS	03 22 52 09 52
TARN	Maison des Femmes 81000 ALBI	05 63 49 48 00
	Paroles de Femmes 81600 GAILLAC	05 63 81 22 65
	CIDFF DU TARN 81000 ALBI	05 63 47 01 34
TARN-ET-GARONNE	CIDFF DU TARN-ET- GARONNE 82004 MONTAUBAN	05 63 66 11 61
VAR	CIDFF DU VAR 83400 HYÈRES	04 94 65 82 84
VAUCLUSE	Rhéso 84 84200 CARPENTRAS	04 90 60 36 84
	Solidarité Femmes 84200 CARPENTRAS	04 90 60 36 84
	CIDFF DU VAUCLUSE 84000 AVIGNON	04 90 86 41 00
VENDÉE	Accueil Urgence 85000 LA ROCHE-SUR-YON	02 51 47 77 59
	Femmes en Difficulté 85000 LA ROCHE-SUR-YON	02 51 62 18 05
	CIDFF DE VENDÉE 85000 LA ROCHE-SUR-YON	02 51 08 84 84
VIENNE	CIDFF DE LA VIENNE 86000 POITIERS	05 49 88 04 41

HAUTE-VIENNE	CRIDFF LIMOUSIN 87000 LIMOGES	05 55 33 86 00
VOSGES	CIDFF DES VOSGES 88000 ÉPINAL	03 29 35 49 15
YONNE	CIDFF DE L'YONNE 89000 AUXERRE	03 86 42 00 47
TERRITOIRE DE BELFORT	CIDFF DU TERRITOIRE DE BELFORT 90000 BELFORT Solidarité Femmes 90000 BELFORT	03 84 28 00 24 03 84 28 99 09
ESSONNE	CIDFF DE L'ESSONNE 91000 ÉVRY Foyer Solidarité Femmes 91000 ÉVRY Paroles de Femmes 91300 MASSY	01 60 79 42 26 01 60 78 45 66 01 69 20 30 50
HAUTS-DE-SEINE	Numéro d'écoute départemental des victimes du 92 Centre Flora-Tristan 92320 CHÂTILLON L'Escale 92230 GENNEVILLIERS CIDFF DES HAUTS-DE-SEINE 92514 BOULOGNE-BILLANCOURT CIDFF DES HAUTS-DE-SEINE 92140 CLAMART CIDFF DES HAUTS-DE-SEINE 92000 NANTERRE CIDFF DES HAUTS-DE-SEINE 92200 NEUILLY-SUR-SEINE Mouvement du Nid 92110 CLICHY	01 47 91 48 44 01 47 36 96 48 01 47 91 48 44 01 41 31 08 74 01 46 44 71 77 01 40 97 22 92 01 55 61 91 34
SEINE-SAINT-DENIS	CIDFF DE LA SEINE-SAINT-DENIS 93120 LA COURNEUVE SOS Femmes 93140 BONDY	01 48 36 99 02 01 55 89 00 88

VAL-DE-MARNE	Tremplin 94 94700 MAISONS-ALFORT CIDFF DU VAL-DE-MARNE 94000 CRÉTEIL	01 49 77 52 12 01 49 56 60 94
VAL-D'OISE	Maison des Femmes 95800 CERGY-SAINT-CHRISTOPHE Centre Accueil Femmes 95200 SARCELLES Du Côté des Femmes 95022 CERGY CIDFF DU VAL-D'OISE 95022 CERGY	01 30 73 51 52 01 30 73 51 52 01 30 73 51 52 01 34 41 42 93

2/ Violences coutumières

Quelle violence ?	Qui peut vous aider ?	Comment les joindre ?
Mutilations sexuelles	GAMS (Groupe femmes pour l'abolition des mutilations sexuelles)	66, rue des Grands-Champs 75020 PARIS 01 43 48 10 87
	La Ligue du droit international des femmes	6, place Saint-Germain-des-Près 75006 PARIS 01 45 49 04 00
Mariages forcés et polygamie	SOS Femmes	Les antennes sont répertoriées dans le tableau n°1 ci-dessus.
	GAMS	66, rue des Grands-Champs 75020 PARIS 01 43 48 10 87
	Association Voix de femmes	Lieu de permanence confidentielle 01 30 31 55 76
	Elele, Migrations et cultures de Turquie	8, rue Martel 75010 Paris 01 43 57 76 28

	Femmes solidaires	25, rue du Charolais 75012 PARIS 01 40 01 90 90
	Centre national d'information sur les droits des femmes et des familles – CNIDFF	Les antennes sont répertoriées dans le tableau n°1 ci-dessus.
	Mouvement Ni putes ni soumises	70, rue des Rigoles 75020 PARIS 01 53 46 63 00
	Voix d'Elles Rebelles	Place Lautréamont 93200 SAINT-DENIS 01 48 22 93 29
	Femmes contre les intégrismes	69000 LYON 04 78 27 74 13

3/ Violences du XXIe siècle (pornographie sous la contrainte – prostitution – SM et échangisme forcés)

Quelle violence ?	Qui peut vous aider ?	Comment les joindre ?
Prostitution/ Pornographie sous la contrainte	Mouvement du Nid	Secrétariat national 8bis, rue Dagobert BP63 92114 CLICHY CEDEX 01 42 70 92 40
	Fondation Scelles	14 rue Mondétour 75001 PARIS 01 40 26 04 45 01 40 26 04 58
Toutes violences confondues	SOS Femmes	Les antennes sont répertoriées dans le tableau n°1 ci-dessus.

4/ Contre les discriminations dans les carrières et les fonctions

Qui peut vous aider ?	Comment les joindre ?
HALDE (Haute Autorité de lutte contre les discriminations et pour l'égalité)	**08 1000 5000**
Association européenne contre les violences faites aux femmes dans le travail (AVFT)	51, boulevard Auguste-Blanqui 75013 PARIS 01 45 84 24 24

Remerciements

Merci

à Nathalie Kosciusko-Morizet, Fadela Amara et Laurence Parisot qui, fortes de leur expérience, et chacune avec sa vision, m'ont beaucoup apporté,

à toutes les responsables des associations que j'ai rencontrées et qui m'ont consacré du temps,

à mes collègues parlementaires engagé(e)s dans le même combat,

à Michèle Champion, qui m'a soutenue dans mes diverses missions,

à Laurence Beneux, qui m'a ouvert de nouveaux horizons,

à Paola de La Baume, qui m'a aidée avec ardeur et compétence.

Table

Mis en pages par DV Arts Graphiques à La Rochelle
Imprimé en France par CPI – Firmin Didot
Dépôt légal : janvier 2010
N° d'édition : 1541 – N° d'impression : 98301
ISBN 978-2-7491-1541-2